中国心理学会临床心理学注册工作委员会

临床与咨询心理学
专业机构与专业人员注册登记
工 作 指 南

主　编　钱铭怡
副主编　樊富珉　贾晓明　钟　杰

图书在版编目(CIP)数据

临床与咨询心理学专业机构与专业人员注册登记工作指南 / 钱铭怡主编. —北京：北京大学出版社，2019.9
ISBN 978-7-301-30630-7

Ⅰ.①临… Ⅱ.①钱… Ⅲ.①咨询心理学－组织机构－注册－登记制度－中国－指南②咨询心理学－从业人员－注册－登记制度－中国－指南 Ⅳ.①C932-62

中国版本图书馆 CIP 数据核字(2019)第 167854 号

书　　名	临床与咨询心理学专业机构与专业人员注册登记工作指南 LINCHUANG YU ZIXUN XINLIXUE ZHUANYE JIGOU YU ZHUANYE RENYUAN ZHUCE DENGJI GONGZUO ZHINAN
著作责任者	钱铭怡　主编
责任编辑	赵晴雪
标准书号	ISBN 978-7-301-30630-7
出版发行	北京大学出版社
地　　址	北京市海淀区成府路 205 号 100871
网　　址	http://www.pup.cn　　新浪微博：@北京大学出版社
电子信箱	zpup@pup.cn
电　　话	邮购部 010-62752015　发行部 010-62750672　编辑部 010-62752021
印 刷 者	三河市北燕印装有限公司
经 销 者	新华书店
	720 毫米×1020 毫米　16 开本　14.25 印张　217 千字 2019 年 9 月第 1 版　2020 年 6 月第 2 次印刷
定　　价	36.00 元

未经许可，不得以任何方式复制或抄袭本书之部分或全部内容。
版权所有，侵权必究
举报电话：010-62752024　　电子信箱：fd@pup.pku.edu.cn
图书如有印装质量问题，请与出版部联系，电话：010-62756370

编 委 会

主　编： 钱铭怡

副主编：（按姓氏拼音顺序排序）

樊富珉　贾晓明　钟　杰

编　委：（按姓氏拼音顺序排序）

安　芹　陈向一　韩布新　侯志瑾

江光荣　孟　馥　桑志芹　王建平

肖泽萍　徐凯文　赵旭东

序 一

中国心理学会临床与咨询心理学专业机构和专业人员注册系统(以下简称"注册系统"),成立于 2007 年,最初是由中国心理学会直接领导。2014 年,经中国心理学会常务理事会批准,成为中国心理学会二级分支机构"临床心理学注册工作委员会"。至今已经走过了 12 年的发展历程。注册系统像一棵小苗正在茁壮成长,注册系统像一粒火种正在中华大地心理健康服务领域燎原,注册系统像一杆旗帜引领着我国心理咨询与心理治疗行业的专业化、规范化发展。

我很荣幸,能够参与注册系统发展的全过程;我很欣慰,能够陪伴注册系统不断扩大专业影响;我很幸福,能够见证中国心理咨询与心理治疗逐步走向规范化。在我眼里,注册系统是什么样的呢?

注册系统是创新的。中国的心理咨询与心理治疗起步较晚,随着社会的变迁,民众对心理健康服务的需求越来越强烈。虽然有西方的经验可以参考,但中国的一切都需要从社会的实际出发。多年来,心理健康服务领域存在诸多问题,最突出的是缺乏高素质的临床与咨询心理学专业人员和高水平的专业服务机构。时代呼唤着具有胜任能力的心理健康服务人员,以及规范的行业管理制度。注册系统的成立标志着专业学会开始探索和实现对行业的有效监控和自我管理。引导行业自律,向专业化、规范化发展,一切都需要从头开始,包括专业人员和专业机构的准入标准,以及专业伦理守则的建设和伦理意识的加强。十多年来,我们欣喜地看到注册系统的影响力不断提升,在心理健康服务人员中,专业胜任力越来越受重视,伦理敏感性越来越得到强化。

注册系统是进取的。2007 年成立之初,注册系统就在《心理学报》上发表了两个正式的文件:《中国心理学会临床与咨询心理学专业机构和专业人员注册标准》和《中国心理学会临床与咨询心理学工作伦理守则》。这两个重要文件是由注册系统以钱铭怡老师、钟杰老师为代表的专家起草,同时集中了几代人的努力，汇聚了注册系统很多专家的智慧和经验。这两个划时代的文件奠定了注册系统在心理咨询与心理治疗行业专业化发展过程中的重要地位。但注册系统并没有止步于此，而是根据中国社会的不断需要，听取专业人员的呼声，陆续出台了助理心理师注册标准等文件，实施了助理心理师、心理师、督导师的评审及注册登记，继续教育项目的评审和注册登记，实习机构的评审和注册登记；在全国建立能力提升项目督导点；规范涉伦理问题的投诉管理，推进伦理培训，修订《中国心理学会临床与咨询心理学专业机构和专业人员注册标准》和《中国心理学会临床与咨询心理学工作伦理守则》，并增加各类人员的申请制注册登记条例，等等。在我参加的每一年的注册工作委员会会议上，委员们热情洋溢地讨论新问题、建立新规则、展望新发展。注册系统生机勃勃，充满活力。

注册系统是团结的。注册系统旗帜下集结着来自医学界的精神科医生和心理治疗师，来自高校心理学院系的临床与咨询心理学专业工作者，来自各级、各类教育机构的心理健康教师和咨询师，来自企业、部队、公安、司法、社区等职业系统的心理健康工作者，大家志同道合，一起在注册系统中协作共事。尤其是注册系统的委员们不计名利、不图报酬，牺牲了个人的休息时间，心甘情愿地付出大量的时间和精力，为注册系统的发展献计献策。我记得，有美国、德国、日本等的临床与咨询心理学领域的专家参加注册系统的会议，非常惊讶地看到注册系统内精神科医生、心理治疗师、心理咨询师、社会工作者等多个领域的专业人士齐聚一堂，彼此尊重，互相欣赏，充分交流，取长补短，共同为中国心理健康服务的专业发展而努力，这在国外是较为少见的。引来外国专家的欣赏和羡慕。

注册系统是具有担当的。注册系统一方面加强行业的专业化引领，一方面利用一切心理学和医学领域的专业学术会议、国内外交流的机会，用主题报告、专题论坛、工作坊等形式宣传注册系统的管理理念。2012年，在《中华人民共和国精神卫生法》公开征求意见期间，注册系统开了多次会议，听取临床与咨询心理学界专家的意见，进行分类整理，钱铭怡和我还专门到人大法工委和立法机构与相关领导们交流沟通。注册系统多次起草文件，请人大代表和政协委员帮助在两会期间针对"心理师法"立法或针对行业发展等方面提出议案或提案。最难忘的是，注册系统一直关心社会，在遇到重大灾难时，发挥专业优势，积极参加心理救援等服务工作。我还清楚地记得，2008年5月12日汶川大地震发生的第二天晚上，注册系统在京委员聚集在注册系统北京大学办公室，对如何进行心理援助讨论到深夜，确定了工作方向——培训危机干预人员、编制危机干预的规范资料和教材、派遣危机干预专业队伍。随后的工作在抗震救灾中发挥了重要作用。

今天的中国，对心理健康的重视前所未有。习近平主席在全国卫生与健康大会上发表讲话，提到要规范发展心理咨询与心理治疗等心理健康服务。面临人民群众对心理健康服务的强烈需求，党和国家对加强规范心理健康服务工作的重视，心理咨询与心理治疗行业正规、有序的发展势在必行。注册系统十多年的探索必将为国家规范管理这个行业提供最宝贵的经验。

樊富珉

2019年6月13日

于清华大学

序 二

  中国心理学会临床与咨询心理学专业机构和专业人员注册系统自2007年正式建立、2014年成立临床心理学注册工作委员会以来，逐渐形成了作为一个学术组织的独特风格。身为一个年长的医学心理学、临床心理学和咨询心理学工作者，我认为可以用四个词、八个字来概括这个组织的鲜明风格：科学、民主、包容、友善。

  科学 作为一个专门致力于心理咨询和心理治疗专业的学术组织，注册系统始终将心理咨询和心理治疗的理论与技术的探讨和传播作为自己最核心的工作内容。在注册系统内，大家总能接触到新的理念、新的方法或技术，总有需要不断探索的课题。大家加入注册系统，目的不是为了当"官"，而是为了发展我国的心理咨询和心理治疗专业，为国民的心理健康事业做出自己的贡献。可以说，注册系统主体已经形成了端正、踏实的学术气氛。这一点，在当今学风浮躁、学术腐败现象频发的社会，实属难能可贵。

  民主 学术民主和自由是民主的重要表现。在注册系统内，只要是心理咨询和心理治疗领域内的问题，大家都可以自由探讨，发表自己的独立见解和主张。其次，民主精神还表现在注册系统的管理上。注册系统内汇集了我国最优秀的心理咨询师和心理治疗师，他们中有中国心理学会临床与咨询心理学专业机构和专业人员注册系统的重要缔造者和督导师，也有刚刚进入注册系统的心理师和助理心理师。注册系统的章程和管理保证大家享受充分的民主权利，从注册系统的大局方针到日常事务的管理，无不体现民主精神。这里没有人可以不受章程的约束决定注册系统的事务，一切决策都是在充分听取大家意见的基础上民主决定的。

  包容 注册系统内汇集了来自心理学和医学界(特别是精神医学界)的专家，由于学科背景和所受训练不同，在一些问题上难免有不同的意见和主张。但在注册系统内，为了更好、更快地发展我国心理咨询和治疗事业，大家相互尊重、相互理解，采长补短，取得了非常好的效果。注册系统内也汇集了不同流派的心理咨询和心理治疗师，对于不同流派的理论和技术，注册系统同样持包容态度，大家相互倾听，相互学习，从不同于己的流派中汲取营养，丰富自己的理论修养和技能。早在20世纪70年代，美国心理治疗便已经走上整合和"折中"的道路。一个对美国心理治疗师的调查结果显示，70%以上的心理治疗师自称是"折中主义者"，即不再固守某一心理治疗流派的理论和技术。可以预测，我国心理治疗的未来发展也必将向着整合的方向前进。因此，注册系统的包容精神必将进一步推动中国心理治疗专业的健康发展。

友善 友善不仅表现在注册系统内部各成员之间平等相待、友善相处，还表现在注册系统督导师、心理师和助理心理师对待寻求专业服务者的态度上。我们的一项重要的工作任务是帮助人们维护心理健康，解除心理痛苦，消除心理(精神)障碍。这项工作的助人性质决定了工作人员必须志愿付出大量时间、精力和心血，不计经济报酬，付出善心(尽管因良好服务取得适当报酬是合理的)。"百善孝为先"。我认为，除了孝敬自己的亲人外，作为一名心理健康工作者，善莫大于帮助人解除心理痛苦。注册系统人员除了平时在心理上的助人工作外，在我国历次重大事件(汶川地震、玉树地震、天津港大爆炸等)的心理援助工作中，作为一支重要的具有专业性的心理干预队伍，受到党和政府部门的重视以及广大民众的高度评价。

此次临床心理学注册工作委员会将注册系统多年的文件结集成册，由北京大学出版社出版，我相信，这些文件将有利于我国同行对注册系统的理解，有助于推动中国心理咨询和心理治疗在专业化和职业化的道路上更加稳步、健康的发展。希望注册系统进一步发扬已经形成的宝贵风格，为维护我国人民心理健康、减少或清除心理疾病(精神障碍和心身疾病)做出更大的贡献。

梁宝勇

2013年7月22日发言

2019年4月8日修改

目 录

1 注册系统及其十年发展历程 ·· 1
　§1　注册系统介绍 ··· 1
　§2　注册系统十年发展 ··· 9

2 现任及历届委员会组成及管理规则 ·· 43
　§1　历届委员名单 ·· 43
　§2　现任委员及分工(2018年1月1日—2021年12月31日) ············ 46
　§3　现任委员履职承诺书 ··· 48
　§4　注册工作委员会组织管理细则 ··· 49

3 注册登记相关文件 ·· 55
　§1　注册标准 ·· 55
　§2　注册登记流程及具体要求 ··· 88
　§3　申请制注册助理心理师、心理师申请细则与指南(试行) ················ 106

4 伦理相关文件 ·· 119
　§1　伦理守则 ·· 119
　§2　伦理相关规定及文件 ··· 147
　§3　专业伦理三级培训框架(试行) ·· 154

5 督导项目工作标准及总结 ·· 157
　§1　督导项目工作标准 ·· 157
　§2　督导项目发展及总结 ··· 165
　§3　督导点主要参与者名单 ·· 175

6 附录：中华人民共和国精神卫生法 ·· 179

注册系统大事记 ··· 195

后记 ………………………………………………………………… 211

附录 1 心理援助热线伦理规范实施细则(试行)………………… 215

附录 2 注册系统联系方式 ……………………………………… 218

1

注册系统及其十年发展历程

§1 注册系统介绍

中国心理学会临床与咨询心理学专业机构和专业人员注册系统(以下简称"注册系统"),是基于行业自律需要建立的质量控制体系。

随着我国临床心理学和咨询心理学的不断发展,高素质的临床与咨询心理学专业人员和高水平的专业机构不仅成为当前社会的迫切需求,也关系到我国临床与咨询心理学领域的社会声望和学科的严肃性。随着专业的发展,亟待制定对于包括从业人员的正规发展引导、明确有效的约束,配套的专业人员和专业机构准入标准以及专业伦理规范等规定,以便专业学会实现对行业的有效监控和自我管理,做到行业内部自律。

为此,在中国心理学会常务理事会的直接领导下,中国心理学会临床与咨询心理学专业委员会从 2004 年开始酝酿并着手准备,至 2006 年 1 月,以这一专业委员会的成员为主,成立了筹备工作组,承担了建立注册系统的工作。

筹备工作组在中国心理学会指导下,明确分工、紧密合作。在中国心理学会临床与咨询心理学专业委员会前期调研和大量准备工作的基础上,起草并最终确定了注册系统的两个重要文件:《中国心理学会临床与咨询心理学专业机构和专业人员注册标准(第一版)》(以下简称《注册标准》)(中国心理学会,2007a)和《中国心理学会临床与咨询心理学工作伦理守则(第一版)》(以下简称《伦理守则》)(中国心理学会,2007b)。

2007 年 2 月 5 日,中国心理学会常务理事会一致通过了注册系统的这两个重要文件,标志着注册系统的工作正式开始。

2014年7月,中国心理学会批准成立了临床心理学注册工作委员会,作为注册系统的管理机构。

2016年,临床心理学注册工作委员会对《注册标准》和《伦理守则》进行了修订,2018年经中国心理学会常务理事会审核通过,两个文件的第二版于当年第11期《心理学报》发表(中国心理学会,2018a;2018b)。

一、注册系统的宗旨

建立注册系统和制定《注册标准》及《伦理守则》的目的在于"进一步完善心理咨询和心理治疗专业的管理体制,规范临床与咨询心理学专业人员的从业行为,培养具备专业胜任力的临床与咨询心理学专业人员,促进临床与咨询心理学专业机构健康发展,满足社会对临床与咨询心理学专业服务的需求,促进国家、社会的和谐发展;同时,加强国内外临床与咨询心理学专业机构之间的合作、推动临床与咨询心理学专业人员的交流,保障临床与咨询心理学专业人员、专业机构及其服务对象的合法权益"(中国心理学会,2007a;2018a)。

二、注册系统的组织构架

注册系统接受中国心理学会的领导,管理机构为临床心理学注册工作委员会。委员会的委员由注册系统成员民主选举产生。截至目前已经经历了四届委员会,分别为:第一届注册系统委员会(2007年1月1日至2009年12月31日)、第二届注册系统委员会(2010年1月1日至2013年12月31日)、第三届注册系统委员会(2014年7月更名为临床心理学注册工作委员会,2014年1月1日至2017年12月31日)和第四届注册工作委员会(2018年1月1日至2021年12月31日)。

注册系统的组织构架如图1.1所示。临床心理学注册工作委员会下设三个工作组,即标准制定工作组、注册工作组和伦理工作组。此外,从第二届委员会开始,建立了监事组,负责检查、监督委员会的各项工作。

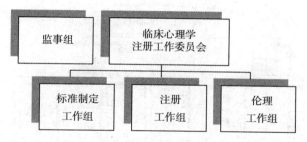

图 1.1 临床心理学注册工作委员会组织机构框架

三个工作组的具体工作任务及目标分别是——

标准制定工作组的工作重点在于标准、守则、条例、规则和规定的制定：联合其他工作组，筹备制定《注册标准》的各项事宜，并承担起草《注册标准》及相关条例和修改方案的工作；负责筹备、制定和修改《伦理守则》；制定和修改注册系统内部工作流程和各项规则。

注册工作组的工作重点在于对个人、机构、项目的注册资质进行审查：负责依照《注册标准》的具体要求审查注册助理心理师、心理师和督导师的申请资料；负责审查实习机构的申请资料；负责审查继续教育项目的申请资料等工作。

伦理工作组的工作主要包括：审查注册助理心理师、心理师和督导师的伦理执行情况；有效开展注册系统内的伦理培训；讨论和制定伦理投诉的处理流程，接受和处理伦理投诉案例；负责向专业人员推广和普及心理咨询与治疗工作伦理；结合注册系统经验和相关研究对《伦理守则》的修订提出意见。伦理工作组接受伦理投诉的专用电子信箱为：lunli@chinacpb.org。

三、注册系统的注册登记内容

注册系统最重要的工作是对从事心理咨询与治疗的专业人员进行注册登记；对临床与咨询心理学专业培训方案及继续教育项目、实习机构进行注册登记。具体注册登记内容见图 1.2。

目前，除了本科、硕士、博士培养方案尚未开始注册工作之外，其余各项均已开始了工作实践。

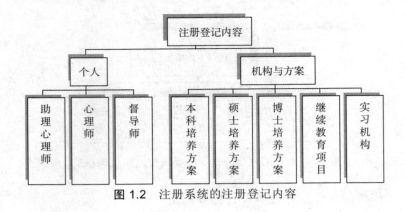

图 1.2 注册系统的注册登记内容

四、注册系统的质量控制

注册系统的质量控制主要依赖于对《注册标准》与程序的严格规定和把关。例如申请心理师注册登记的程序及要求如下：①申请者需为中国心理学会会员，自愿申请注册登记。②符合注册系统对专业培训背景的要求并填写相关表格。③递交一个连续咨询或治疗 8 次以上的案例报告(助理心理师提交连续 6 次干预的案例报告；督导师需提交连续 8 次的督导案例)作为专业能力审核的重要文件。④有两位已在注册系统有效注册登记的心理师或督导师的推荐信。⑤满足上述条件者，可进入注册登记审核流程。⑥专业背景和专业能力均通过审核后，进入 3 个月的网上伦理公示期。⑦公示期满，交纳注册费用，在一个连续 3 年的注册期内，其注册身份有效。⑧在一个注册期内，每年必须参加注册系统认定的继续教育项目的学习(助理心理师、心理师为 40 学时/年，另有对其接受督导小时数的要求；对督导师的要求为 50 学时/年，另有对其督导小时数的要求)。⑨3 年注册期满时，无违反法律法规、无违反《伦理守则》记录，达到继续教育学分的要求者可继续注册登记(见钱铭怡，2009；中国心理学会，2018a)。上述①至⑤项为评审制注册登记程序及要求；自 2018 年起，注册系统对部分符合相关标准的心理师申请人，尝试采用申请制的方式进行审批。申请制对申请人的学历背景、所学课程、接受专业督导等方面的要求均更为严格，并要求督导师对接受其一对一个体督导的申请者从专业胜任力、自我反思、伦理等方面一一进行负责任的评估，即督导师需对接受其督导的申请者的专业胜任力进行把关；

然后再由注册工作组形成工作小组从各方面对申请者进行仔细的审核,以上均通过者才能进入伦理公示流程。

实习机构的注册,也需要满足《注册标准》中的相关条款,接受注册工作委员会派出的工作小组的审查。工作小组对实习机构的人员队伍(例如是否有注册督导师、心理师)、心理咨询或治疗场所、设置、档案管理、伦理规范、危机干预预案等方面进行考察,特别关注对心理学研究生实习情况及实习流程、协议签署、准入和准出标准、督导及培训安排等内容的审查,以确实保障注册实习机构在对研究生培养方面达到《注册标准》的要求,保障实习生的权益及真正可以获得良好的实践经验。

此外,继续教育项目的注册,需要满足《注册标准》的相关要求,包括须有注册督导师作为项目负责人、培训教师具有合格的资质、培训需要有大纲、符合伦理要求等。

由此可见,注册系统在设计之初就考虑到了个体注册、培养方案、实习机构和继续教育等几个方面相辅相成的关系。即高水平的人员培养离不开专业督导,离不开规范的实习机构和培养机制;而高水准的临床与咨询心理学研究生培养方案需要与高水平的实习、督导结合,才能更好地培养优秀的专业人才;从高水平的培训项目中顺利毕业的人才,也需要不断接受继续教育,不断提高自己的专业能力(钱铭怡,2009)。具体如图 1.3 所示。

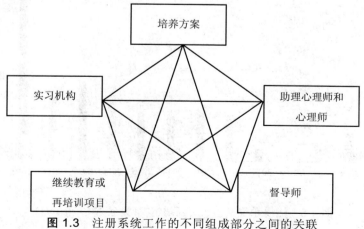

图 1.3 注册系统工作的不同组成部分之间的关联

五、已注册人员概况及注册实习机构

截止到 2019 年 1 月，注册系统共有 1442 名注册登记成员，其中督导师 251 人，心理师 812 人，助理心理师 379 人。除西藏、台湾和香港之外的所有地区均有注册系统成员。成员学科背景分布情况如图 1.4 所示，心理学背景占 81%，医学背景占 15.5%，其他为 3.5%。注册系统在不同年份的注册登记情况及各地情况见图 1.5 和图 1.6。

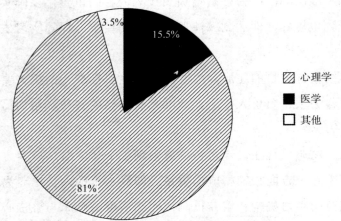

图 1.4 注册系统人员学科背景分布情况(截至 2019 年 1 月)

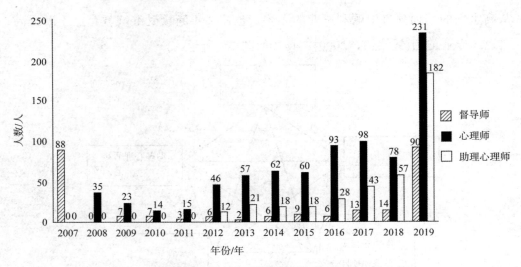

图 1.5 注册系统历年人员新增情况(截至 2019 年 1 月)

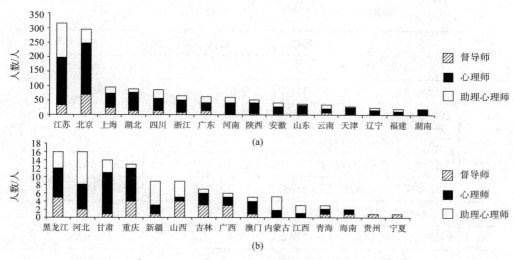

图 1.6 注册系统各地人员分布情况(截至 2019 年 1 月)

目前已经过严格审核,并成为注册系统实习机构的单位有 21 家。包括 16 家高校心理咨询中心,5 家医疗机构(其中包括一家私营医疗机构)。具体见表 1.1。

表 1.1 注册实习机构(按注册时间排列)

序号	名称	注册编号
1	北京大学心理健康教育与咨询中心	SXS13-001
2	北京理工大学心理与社会工作实验室	SXS13-002
3	华中师范大学心理健康教育中心暨湖北省青少年心理健康教育中心	SXS13-003
4	南京大学心理健康教育与研究中心	SXS13-004
5	首都师范大学心理咨询中心	SXS13-005
6	武汉市心理医院	SXS13-006
7	清华大学学生心理发展指导中心	SXS14-001
8	北京师范大学学生心理咨询与服务中心	SXS14-002
9	福建省福能集团总医院心理治疗中心	SXS14-003
10	华东师范大学心理咨询中心	SXS15-001
11	浙江大学心理健康教育与咨询中心	SXS15-002
12	天津大学心理健康教育中心	SXS15-003

(续表)

序号	名称	注册编号
13	宁波市康宁医院	SXS15-004
14	北京航空航天大学学生心理健康教育与咨询中心	SXS16-001
15	第三军医大学西南医院临床心理科	SXS16-002
16	复旦大学心理健康教育中心	SXS17-001
17	大连理工大学心理健康教育与咨询中心	SXS17-002
18	苏州大学苏南地区大学生心理健康教育研究中心	SXS17-003
19	华中科技大学大学生发展研究与指导中心	SXS19-001
20	同济大学心理健康教育与咨询中心	SXS19-002
21	北京安定医院临床心理中心	SXS19-003

六、注册系统的工作原则

注册系统从成立之初就确立了其工作原则：①非营利性原则；②质量控制原则；③非强制性原则；④诚信原则(中国心理学会，2007a；2018a)。

重要的工作均经过注册系统委员会同意，报告注册系统成员大会，并上报中国心理学会。包括民主选举委员会成员、修订《注册标准》及《伦理守则》均向全体注册成员征求意见和建议；定期向全体成员做工作报告，并报告财务情况等。从第四届委员会开始，每个月定期召开常务委员会议，讨论注册系统工作并对重要事项进行决策。

注册系统自成立以来，始终坚持民主精神，按科学规律行事，公正公平决策，承担社会责任。除了上述主要工作之外，注册系统积极参与重大灾难心理援助工作；每年请人大代表或政协委员为建立"心理师法"等重要事项提出议案提案，为国家心理健康服务等方面的建设献计献策；持续努力推动高校临床与咨询心理学学科建设等工作。目前注册系统已经在国内专业领域形成良好影响，未来还将进一步秉持专业标准及伦理要求，为促进国内专业领域的健康、可持续发展继续发挥积极作用。

§2　注册系统十年发展*

注册系统，其在 2007 年创立时，名称是"中国心理学会临床与咨询心理学专业机构和专业人员注册系统"，注册系统是其简称；现在专业领域，此名称似已是约定俗成的了。2014 年 7 月，中国心理学会批准成立了临床心理学注册工作委员会，这个委员会是注册系统的领导机构。

注册系统的成立，转瞬 11 年过去了。回想这期间的经历，许多事情仿佛仍在眼前。

注册系统的建立，始于一件件看似偶然的事件，一个个集体或个人的意愿或选择，但似乎，也是一种历史的必然。

实际上，一些对建立注册系统有影响的事件的发生，远远早于注册系统的建立。

一、背景情况

如果看过美国心理学会(APA)建立伦理规范的历史过程，就会感慨：历史上有些事情真的是惊人地相似。APA 在 1892 年建立之初并没有伦理规范，因不断有会员生事，有人到学会投诉，要求学会进行管理，不要让少数人败坏了学会的名声。美国心理学会经过一系列的前期工作，于 1953 年发表了"心理学工作者的伦理学标准"，后更名为《心理学工作者的伦理学原则和行为规范》(Ethical Principles of Psychologists and Code of Conduct；见季建林，赵静波，2006)。此后，APA 的伦理规范在 1981 年、1992 年、2002 年、2010 年和 2016 年多次修订。

新中国成立之初，由于受到苏联学术界的影响，没有开展心理咨询和心理治疗方面的工作。影响波及教育，在教育体系中心理学未能设立与临床和咨询心理学相关的专业，有关研究也仅在 20 世纪 60 年代有所尝试。直至"文革"

---

* 《注册系统十年发展》一文作者为钱铭怡，成稿于 2018 年 8 月。

结束，改革开放之风渐起后，各种不同的心理治疗理论及方法传入国内，心理门诊在20世纪80年代末至90年代初开始如雨后春笋般在高校、大城市之中涌现出来。

这一新生事物，有人称道，有人质疑，有人追随，有人批评。特别是当人们发现一些人违规操作、有不当行为时，当时与心理学相关的两个专业组织——中国心理学会、中国心理卫生协会——均收到投诉，要求学会出面加强管理。

20世纪80年代末至90年代初，中国心理学会、中国心理卫生协会责成下属的两个专业委员会——中国心理学会医学心理专业委员会、中国心理卫生协会心理治疗与心理咨询专业委员会，起草"心理咨询和治疗人员管理条例"。当时，钱铭怡的导师陈仲庚先生是心理治疗与心理咨询专业委员会的第一任主任委员，钱铭怡是秘书；陈仲庚先生同时在医学心理专业委员会担任委员。因此两个委员会的几个主任委员开会，钱铭怡帮忙做会议记录，之后两个委员会责成钱铭怡负责起草文件。

在考察了美国、英国等国以及中国香港地区的专业组织的相关条例并多次讨论之后，两个专业委员会提出了有关心理治疗与心理咨询工作者注册资格的规定和心理治疗与心理咨询工作者道德准则的文件《卫生系统心理咨询与心理治疗工作者条例》。执笔起草人为钱铭怡。该文件参考了国外的一些文件，陈仲庚、李心天、吴振云、赵友文等专家多次参与讨论。期间，许又新和钟友彬等也提供了有益的意见和建议。这一工作启动于1988年，讨论定稿的时间为1989—1990年间。此后，在中国心理学会的努力之下，经个别词句的修改，《卫生系统心理咨询与心理治疗工作者条例》于《心理学报》1993年第2期发表(中国心理学会，中国心理卫生协会，1993)。同一期还发表了关于心理测验使用的相关规定。

此后，中国心理学会、中国心理卫生协会仍然关注此方面的问题。1999年，中国心理卫生协会常务理事会要求心理治疗与心理咨询专业委员会对之前的管理文件做进一步修改。此次仍由钱铭怡执笔，将一个文件修改为两个文件：《有关心理治疗与心理咨询工作者注册资格的规定》和《心理治疗与心理咨询工作者道德准则》。中国心理卫生协会将这两个文件作为协会的正式红头文件下发到其下各专业委员会中进行宣传和教育，但未能有效实施。

中国心理卫生协会为提升心理咨询与治疗专业管理水平，曾联系了当时的劳动部，劳动部也正考虑如何进一步解决下岗就业问题，且劳动部当时有心理学专业背景的专业人员，在各方条件契合之下，以中国心理卫生协会的专家为主起草了有关文件。劳动部于2001年4月推出《心理咨询师国家职业标准(试行)》。2002年，心理咨询师考试启动。职业资格分为心理咨询员(国家职业资格三级)、心理咨询师(国家职业资格二级)、高级心理咨询师(未启动)。此后，劳动部再次委托中国心理卫生协会组织有关专家制定了2005年版《心理咨询师国家职业标准》。

心理咨询师从业资格考试开始之后，报名人数上升很快，且培训机构层出不穷，呈跃进趋势。与发达国家几千小时的正规培训(例如在美国从事心理咨询的咨询心理学专业毕业生要求达到硕士或博士水平，从事心理治疗的临床心理学专业毕业生要求达到博士水平)相比，国内心理咨询师的考前培训仅几百小时，一批临床与咨询心理学专业人士对如流水线生产一般"短平快式"的在职培训深感忧虑。专业培训市场一直处于缺乏严肃管理和引导的"无政府状态"，从而加剧了行业的混乱(钟杰，2003)。针对此问题，学者们一致呼吁：我国需要借鉴和吸收欧美发达国家的经验，重视培训机构的资质、重视正规训练和学历培训系统的认证(江光荣，夏勉，2005；汪新建，2005；赵旭东等，2005)。

不少专业人员认为当时的心理咨询师的认证准入标准偏低(当时为高职、高中)，同时对从业人员的知识背景没有严格限定，因此许多获得这一认证资格的人员在其从业过程中无法有效地对来访者进行帮助(江光荣，夏勉，2005；汪新建，2005)。应该如何走出此困境？在呼吁改进现状的同时，一些学者也在思考。

2001年11月，钱铭怡担任了"中国心理学会心理咨询与治疗专业委员会(筹)"(后改名为中国心理学会临床与咨询心理学专业委员会)的负责人。这个委员会最初由北京师范大学的郑日昌教授在1998年发起筹备，钱铭怡担任主任委员时邀请郑日昌担任第一届的副主任委员。这一委员会于2003年8月在北京召开了第一次学术会议，之后还组织了几次心理咨询与治疗的工作坊。

当时北京大学心理学系的钟杰博士担任这个委员会的秘书；以他为主，临床与咨询心理学专业委员会组织了学术会议及后来的几次心理咨询与治疗的工作坊。其中有一个高水平的工作坊因报名人数不足而流产；但几乎是同一时期、同样的主题、同一位工作坊主持人，在一个心理咨询师培训机构举办的工作坊却报名人数众多。这个情况激发了钟杰的思考，只是一味地批评国家心理咨询师考试的不足是不够的，真正重要的是要考虑如何做才能促进行业健康持久地向前发展。

2004年8月8~13日，钟杰等参加了在北京举办的由国际心理科学联合会主办的第28届国际心理学大会。期间，钟杰与参会的美国心理学会的专家学者交流，从他们那里了解到美国心理学会对专业人员的管理情况，由此激发了他的进一步深入思考：是否可以在中国也建立一套类似的学会管理体系。

钟杰带领北京大学临床心理学研究生开始检索有关文献，研究发达国家心理咨询行业的管理体系。在不断学习与调研后，钟杰的思路渐渐清晰起来，他认为在我国也应建立一套心理咨询与治疗人员的管理体系和质量控制体系。

之后他找到钱铭怡，希望由一位学术带头人组织此事。对于钱铭怡而言，其导师陈仲庚及老一代人一直期待着规范这个专业领域的工作，从20世纪80年代末就开始了多种努力，从起草《卫生系统心理咨询与心理治疗工作者条例》等文件开始，她就是文件的执笔人，参考的就有来自美国心理学会的文献。虽然当时的种种努力未见成效，但钱铭怡知道这个大方向肯定是对的；同时也有犹豫，毕竟这样的事情国内尚无人做过，此事在当时看起来是有一些不确定的风险因素。钟杰指出这件事情不是谋个人名利，而是为了专业蓬勃发展、行业健康向前。两人经过慎重考虑，战胜个人得失之心，义无返顾地开始了此项工作。

二、启动与建立(2005—2007)

为建立这个质量控制体系，首先要起草两个文件。一个是标准，即什么人、什么机构、什么项目达到什么标准，可以被认为是合格的；另一个是伦理，必须有对专业人员在伦理方面的要求和指导，知道什么行为是适当的，什么是不适当的，行为的边界在哪里。分工下来，钟杰负责起草注册标准部分，钱铭怡负责伦理守则部分。2005年，钱铭怡在北京大学心理学系(2016年6月更名为心理与认知科学学院)率先开设了临床心理学工作伦理的课程。她从这些第一批上课的研究生中请高隽、邓晶等同学做了国内首个伦理访谈的研究。这个研究结果后来对注册系统的伦理守则初稿的形成是有积极影响的。钟杰也找到当时临床心理学方向的研究生黄峥、张怡玲等同学，一起查找文献，起草注册标准，他自己则负责总撰；钱铭怡邀请了陈向一、侯志瑾和李鸣等分工起草伦理守则的不同部分，最后由钱铭怡执笔总撰。

2005年12月，注册系统的组织机构框架基本成型，即以中国心理学会临床与咨询心理学专业委员会的成员为主，成立了"临床与咨询心理学专业机构和专业人员注册系统(筹)"的三个工作组：标准制定工作组(重点负责组织注册系统注册标准和伦理条文草案的制定工作)、注册工作组(重点负责注册条文的执行工作，依照标准对相关机构和人员的申请资格进行审核)、伦理工作组(重点负责伦理条文的执行和解释工作，对提出注册登记申请的专业人员和机构进行专业伦理的审核，接受伦理问题的投诉和申诉，并负责处理违反专业伦理守则的案例)。在注册系统第一届委员会中，钱铭怡任主任委员，副主任委员有樊富珉、赵旭东和肖泽萍，秘书长为钟杰；标准制定工作组组长为钱铭怡；注册工作组组长为钱铭怡，副组长赵旭东；伦理工作组组长樊富珉，副组长肖泽萍。

这三个小组最初的工作重点是起草《注册标准》和《伦理守则》。起草两个文件时，参考了美国心理学会、美国咨询心理学会、美国社会工作协会、美国家庭与婚姻工作协会、英国心理学会、加拿大心理学会、欧洲心理治疗协会的相关文件(AAMFT，2001；ACA，2005；APA，2002；BPS，1995；CPA，2000；EAP，1997；NASW，1996)；还同时参考了我国香港、台湾等地相关机构的文件和研究成果。三个工作组经反复讨论后完成《注册标准》和《伦理守则》的初稿。两个文件形成初稿后，曾在网络上广泛征求国内外同行的意见和建议(钱铭怡，2009)。

在组织建构方面，注册系统最初希望能够获得中国心理学会和中国心理卫生协会这两个一级专业组织的支持，携手并进，一起推动我国心理治疗与咨询事业的发展。为此，钱铭怡作为中国心理学会的常务理事，与中国心理学会的负责人商谈；李占江时任中国心理卫生协会副秘书长，他负责找中国心理卫生协会的领导商谈。针对两个组织的人员要做的工作等情况，钱铭怡和李占江还在一起认真地做了专门的讨论。非常遗憾的是，当时的中国心理卫生协会没有同意参与此事；而在中国心理学会方面，此工作获得了时任中国心理学会理事长的张侃老师的肯定和大力支持。这也是为什么注册系统建立在中国心理学会之下，注册系统第一届委员会中李占江作为中国心理卫生协会的代表进入了标准制定工作组，但后来又渐渐淡出的原因。

在新成立的筹备组中，每个人都是为了一个共同的目标走到一起的，大家激情洋溢、干劲十足，不计个人得失，完全是志愿投入工作。2006年，注册系统的三个工作组分别于1月7日(北京)、5月24日(杭州)和6月30日(北京)召开工作会议。2006年1月的会议首先确定了注册工作组和伦理工作组的工作章程。此会议和其后的几次会议重点讨论并修改了注册系统的两个重要文件，字斟句酌，不断推敲。并于同年6月经由委员推举、本人自愿的方式，产生了首批注册督导师候选人109人，这些人许多来自中德班(我国最有影响力的心理治疗连续培训项目)和北京师范大学林孟平教授(香港中文大学教育学院)培养的人本主义硕士、博士班项目。其中不少是当时国内专业领域最有影响力的人。

2006年12月28日，筹备组正式向中国心理学会申请成立注册系统，并申请学会批准注册系统的《注册标准》和《伦理守则》两个文件。2007年1月14日，三个工作小组的部分成员在北京胜利饭店举行了工作会议，进一步修改并形成最终的《注册标准》和《伦理守则》草案。会议结束时，大家都非常激动，认为自己正在做的是促进中国心理治疗与咨询领域发展的一件大事，而且都夸这个会场找得好，饭店的名字"胜利"预示着注册系统这个新生事物一定会胜利诞生。

2007年2月5日，正值中国最重要的节日春节前夕，中国心理学会常务理事会在中国科学院心理研究所开会，在张侃老师的主持下，钱铭怡介绍了注册系统的理念及《注册标准》和《伦理守则》草案。到会常务理事们以举手表决的方式一致通过了中国心理学会临床与咨询心理学注册系统的《注册标准》及《伦理守则》，这是注册系统正式建立并启程的重要标志。

三、注册标准建构及注册工作的开展

2007年10月,中国心理学会的专业学术期刊《心理学报》第五期发表了注册系统的两个重要文件:《中国心理学会临床与咨询心理学专业机构和专业人员注册标准(第一版)》以及《中国心理学会临床与咨询心理学工作伦理守则(第一版)》(中国心理学会,2007a;2007b)。

《注册标准》对注册登记原则有清晰的阐述,包括:①非营利性原则,本标准是一个非营利性质的专业资格注册体系;②质量控制原则,本标准是一个针对中国心理咨询与心理治疗的专业培养方案、机构、培训项目和专业人员的质量控制体系;③非强制性原则,达到本标准的个人和机构可以自愿提出注册申请(中国心理学会,2007a)。这三条原则是开展注册登记工作的重要基石,表明注册系统不是以营利为目的,而是以质量控制为宗旨的专业体系。

《注册标准》的内容涉及:临床与咨询心理学专业硕士培养方案注册标准、临床与咨询心理学专业博士培养方案注册标准、临床与咨询心理学实习机构注册标准、心理师注册标准、督导师注册标准和继续教育或再培训项目的注册标准(中国心理学会,2007a)。

从2007年2月《注册标准》获得中国心理学会批准开始,2006年确定的109名注册督导师候选人成为注册系统第一批成员(最初确定人选后,有一人因有人投诉,开始时未列入正式名单,几个月之后问题澄清了才进入正式的注册名单,所以首批成员有"一百零八将"之称),这也是《注册标准》的第一次落地实施。第一批成员是推选出来的,此后的注册登记工作则依据《注册标准》进行,确定了每年4月底前接受申请,制定了评审所需材料(提交案例)及评审程序,依照《注册标准》和评审程序,注册工作逐步展开。2007年最先确定的是注册心理师的评审规则和程序。其中,多项内容体现了注册系统的质量控制和非强制性原则。依照《注册标准》和评审程序,2007年有100名注册心理师候选人通过首次注册登记评审。

2008年5月四川汶川大地震,许多专业人员参与到抗震救灾的心理援助工作中。2008年,注册系统的一部分工作重心放在了汶川心理援助上,另一部分工作重心放在了筹备当年 10 月在北京召开的第五届世界心理治疗大会上。从组织发展角度看，这一年的 7 月，注册系统委员会的工作会议比较突出的工作是审查通过了第一批心理师。

2009 年 7 月 5～6 日，第一届中国心理学会临床与咨询心理学专业机构和专业人员注册系统会议在北京召开。会议第一次通过全体与会会员直选，选举增补施琪嘉、徐凯文、桑志芹、盛晓春、陆晓娅为注册系统委员会成员；此前的注册系统委员会工作会议讨论了增选委员的程序及规则，还重点讨论了注册系统成员重新登记的细则，此后的心理师重新登记标准也参考了督导师重新登记的要求制定。2009 年 10 月启动了对第一批注册系统督导师的重新登记工作。

2010 年，第二届注册系统委员会开始工作，主任委员为钱铭怡，副主任委员为樊富珉、赵旭东和肖泽萍。标准制定工作组组长钱铭怡；注册工作组组长钱铭怡，副组长赵旭东；伦理工作组组长樊富珉，副组长肖泽萍。秘书长为徐凯文，此后还增加了副秘书长官锐园。这一年，注册系统启动了对继续教育项目的审查及注册登记，由注册系统的标准制定工作组定出了继续教育项目审查的工作规则。内容包括继续教育项目的负责人必须为注册系统督导师，教师或教师团队需要符合一定资质，项目必须符合专业伦理等；还规定每个申请项目必须有 5 个注册系统督导师负责审查，其中多数通过者才能通过评审、进行注册。

注册系统注意到许多专业人员希望进入注册系统，却因没有研究生学位而被阻隔在注册系统之外。在《注册标准》第一版中，曾经以欧美标准为参照，希望尽快提升专业人员的专业素养，因此对心理师背景要求比较高：要求必须有研究生学位才能申请心理师。因各方面要求严格，注册系统成员人数比较少，使得外界对注册系统有了"阳春白雪"的评价。在大家的热切呼吁下，2010 年，注册系统委员会讨论增加助理心理师类别，由标准制定工作组提出增加助理心理师新一层级的专业人员注册标准，以回应那些因学位达不到标准，或获得了心理咨询师资质但无研究生学位的专业人员的诉求。新的关于助理心理师的补充规定，于 2012 年首次实施，第一批申请并通过审查注册的助理心理师有 36 人。

2012 年，又一项注册标准开始实施，即实习机构的注册登记标准。虽然《注册标准》第一版已经有了对实习机构的具体要求，但如何落实在具体评价标准上，如何具体考察各申请机构的实际情况等，从标准到实施细则及流程都有许多工作要做。时任副秘书长的官锐园承担了其中大量工作，包括评审小组的人员组成、评审流程及规则、评审的表格等一系列工作均落到实处。2012年12月至2013年1月，注册系统第一次对提出申请的实习机构进行逐一实地评估。2013年6月1日，注册系统第一批注册实习机构经过资格审核、实地评估和三个月的伦理公示后诞生了，首批获得实习机构注册登记的单位是：北京大学心理健康教育与咨询中心、北京理工大学心理与社会工作实验室、华中师范大学心理健康教育中心暨湖北省青少年心理健康教育中心、南京大学心理健康教育与研究中心、首都师范大学心理咨询中心、武汉市心理医院等。

在第二届委员会中，开始考虑培训工作需要有人负责，最后确定由贾晓明负责。同时建立了监事组，组长为梁宝勇，组员为杨蕴萍和桑志芹。监事组可随时监督注册系统委员会的工作及注册评审等程序是否合规、是否公平等，对注册系统的健康成长是非常必要的。

注册系统的一整套申请程序要求明确、步骤清晰。例如，申请者需要提交申请表格，实习、督导等证明，还需提交伦理声明、案例报告等。对于案例报告，工作组会首先组织评审委员进行培训，然后对一个来自网络或改写的案例进行预评审，只有每个评审委员的评审结果与标准评审结果达到较高的一致性时，才可以进入评审过程。案例为匿名评审，由两位与申请者所使用的治疗流派相匹配的评审委员分别进行评审。当两个人的评审意见均为通过时即为评审通过；一人评审通过，一人没有通过时，送第三位评审委员评审，当第三位委员的评审意见为不通过时，则为不通过。评审结束后，对于未通过评审的申请者，注册工作组会将评审委员的意见反馈给申请者，以便他们了解相关情况，未来可以有所改进。在前三届委员会每一年的评审工作中，注册系统的常务秘书卢贺(2018年开始担任副秘书长)和秘书长徐凯文都承担了大量的工作。

注册工作秉持公平公正的原则进行，尊重评审人的评审意见。即使是在评审完成后注册工作组对评审结果进行审核时，根据平时了解发现某些评审未通过者是专业能力不错的咨询师、治疗师，也会基于程序公平，坚持按照原则维持评审意见。此外，如果评审未通过者对评审结果有不同意见，可以通过秘书组提出复议申请。在监事组未建立之前，复议仍为注册工作组负责，其程序为另请注册系统委员进行评审；监事组建立后，此工作交由监事组负责，理顺了此项工作的程序与规范。

2013年7月，注册系统大会选举第三届注册工作组和伦理工作组成员。选举工作组负责人为梁宝勇、霍莉钦、陆晓娅等。此次选举之前，标准制定工作组制定了一系列与选举有关的实施细则；选举工作组对参选人员进行了认真筛选，监督选举工作过程，使这次选举顺利完成。新一届当选委员32人，另有2位学会(中国心理学会，中国心理卫生协会)委员，韩布新和田成华。

2013年12月29日，注册系统召开新一届委员会议，主任委员为钱铭怡，副主任委员为樊富珉、赵旭东和江光荣；标准制定工作组钱铭怡为组长，钟杰为副组长；注册工作组钱铭怡为组长，赵旭东、江光荣为副组长；伦理工作组组长为樊富珉，副组长陈向一、侯志瑾；秘书长为徐凯文，副秘书长为官锐园。会议经委员讨论一致同意在委员会成员之外，单独设立监事组，组长为肖泽萍，副组长为霍莉钦。随着注册系统的发展，根据工作需要在上述三个工作组之下设立了5个小组：个人注册工作组(负责人杨蕴萍)、实习机构注册工作组(负责人桑志芹)、继续教育项目注册工作组(负责人祝卓宏)、培养项目注册工作组(负责人江光荣)和督导培训工作组(负责人贾晓明)。

2014年，注册系统对督导师的申请及评审方式进行改进：除了要求提交连续8次的督导案例之外，还要求提交此案例督导过程中一段15分钟的录像。对如何判定录像，江光荣等人进行了研究并给出了评审细则，对评分方式做了具体的规定。

2015年，由副主任委员江光荣领衔对注册系统心理师评审方式进行改革，并对此进行了专门的研究。2016年心理师评审开始按照新规则进行。除了要求申请者提交连续8次咨询或治疗案例外，增加了提交申请者与来访者的15分钟咨询录音的要求，及申请者撰写的反思性实践报告等内容。根据王铭、江光荣的研究，对申请者各项内容的审核，覆盖了华人临床心理学胜任力特征的各个维度，能够很好地反映一个申请者的专业胜任力。

至此，整个注册系统的标准中除了临床与咨询心理学硕士和博士培养方案的评审规则等注册系统责成江光荣带领相关人员继续进行研究之外，其余所列标准的配套评审流程及工作均基本完成和落地。从上述情况可以看出，一个组织的建立和发展，是其规则不断增加、细化的过程；规则的优化通常为解决组织发展遇到的新问题，以适应组织新的发展和面对新的形势的过程。

四、伦理工作及伦理的推广

由注册系统制定的《伦理守则》是我国心理咨询与治疗行业第一个真正被实施的专业伦理守则。2007—2017年，伦理工作组的人员有过变动，伦理工作组的组长始终是樊富珉，肖泽萍、侯志瑾、陈向一分别担任过副组长，他们均努力带领伦理工作组不断克服困难，处理伦理投诉，解决伦理难题，在注册系统把《伦理守则》推向全国的过程中，始终走在前列。2014年以后，安芹作为伦理工作组秘书做了大量具体工作。

1. 建立伦理工作组规章及投诉程序

注册系统建立伊始，在2007年伦理工作组第一次单独召开工作会议时，就讨论并建立了伦理投诉流程。这一流程相对简单，包括首先判断投诉是否有效，如的确为有效投诉，下一步联系被投诉者，如果其承认，伦理组讨论处理意见。如其不承认，则询问其是否接受伦理组对其被投诉问题开展调查。如不接受，则建议终止其注册；如接受，则进一步开展伦理调查，若调查发现情况不属实，则投诉无效。如发现情况属实，则伦理组讨论处理意见，进行具体处理。

2013—2014年，伦理工作组在积累了几年的工作经验的基础上，对伦理投诉程序重新进行了梳理完善。2014年，伦理工作组重新讨论了伦理投诉工作流程，整理出了伦理投诉案件投诉书、伦理投诉案件申诉书、伦理投诉质证调查函等文件和表格，并讨论、拟定了伦理投诉案件处理办法。

这一处理办法要求以事实为依据，以《伦理守则》相关条文为处理依据。对违反伦理的注册人员，按情节轻重给予警告、严重警告、暂停注册资格或永久除名。这些处理办法写入了第二版《伦理守则》。

伦理工作组在 2012 年提出了有效投诉需满足的条件：投诉人为实名投诉，被投诉者是注册系统有效注册登记成员，投诉事件过程阐述明确具体等。2014 年 2 月对外正式公布了伦理投诉专用电子信箱：lunli@chinacpb.org。

2015 年，伦理工作组对外公布的伦理投诉程序包括：①投诉人递交伦理投诉案件投诉书(亲笔签名)；②由秘书处专门负责伦理信箱的秘书检查必要信息是否齐全；③伦理组组长根据投诉书中信息决定是否启动调查程序；④确认启动后，伦理工作组内对此投诉案例建立专门的工作小组，进一步确认有关信息是否齐全，如不全，邮件通知投诉人告知须补充的材料；⑤如信息齐全，确定调查程序，向投诉人发出伦理投诉确认函的邮件，同时以办公电话通知被投诉人说明其被投诉，将启动调查程序；⑥如果被投诉人承认问题，投诉成立；伦理组讨论处理意见，对被投诉人进行处罚；(待临床心理学注册工作委员会讨论通过后)在注册系统网站公布处理意见；⑦如被投诉人不承认有被投诉的问题，则询问其是否接受伦理组对其被投诉问题开展调查，如不接受，则建议终止其注册；如接受，进一步开展伦理调查，若调查发现情况不属实，则投诉无效；如发现情况属实，则投诉成立；伦理组讨论处理意见，进行具体处理；被投诉人可决定是否向监事组进行申诉；(待临床心理学注册工作委员会讨论通过后)在注册系统网站公布处理意见。

进一步，第三届伦理工作组还针对向被投诉者了解情况时如何开展工作制定了具体的多步骤投诉质证流程，并整理了质证调查记录表，配套使用。

此外，在注册系统内部进行工作，特别是对注册系统申请者进行案例评审工作、伦理投诉的处理工作，一个非常重要的前提是保密。伦理工作组为此专门制定了一系列保密规则。例如所有参加案例评审的注册系统成员均须承诺保密，评审完成后须删除案例；对注册系统委员更是多次要求注意保密。至第四届委员会第一次会议开始，发展为两类保密承诺书，一个是针对所有委员的保密承诺，每个人均须签署；另一个是针对伦理工作组成员的，承诺对伦理工作组的工作保密，保密承诺人手一份。

2. 处理伦理投诉案

伦理投诉及案件的处理，是伦理工作组承担的最艰巨的工作。注册系统最初建立三个工作组时，委员们以为伦理工作组的工作不会很重，没有想到最终发现伦理工作组处理投诉的工作是最复杂、最棘手的工作。值得庆幸的是，伦理工作组有非常好的带头人樊富珉，她既有行政工作经验，又有献身精神，从2007年一直到2017年，带领伦理工作组很好地处理了多起投诉案。

从注册系统建立的2007年开始，就不断有正式的或非正式的伦理投诉提交到注册系统委员那里，因那时伦理工作组还没实施实名投诉的制度，多数情况下仅记录了注册系统成员报告的伦理问题，且处理上也没有做到完全规范。2009年后，伦理组就开始越来越正规、规范地对投诉案件进行处理。前期收到的伦理投诉问题包括：培训宣传中对培训师的专业身份夸大其词、发表文章或案例涉嫌抄袭、与来访者关系界限不清、教师在培训中对学员不尊重或教师与学员关系暧昧、在心理治疗中心理师与病人发生冲突等。在此期间，伦理工作组做出的处理包括：对某案件涉及的培训教师进行告诫谈话；还有一例与来访者结婚的申请者在申请过程中被发现有此问题，按照评审过程中伦理问题一票否决制，其申请没有进入评审过程。

2010—2012年，注册系统遇到的伦理问题可分为如下几类：①夸大、抄袭等问题，例如注册系统申请者所提交的案例有抄袭情况(如抄袭网络上的案例)、填表情况不实(如督导时数不对，2~3年每周一次的督导填出上千小时)、培训宣传广告夸大教师身份(包括不实名称)等；②与关系相关的伦理问题，例如治疗师与来访者的性关系，治疗师与来访者的双重关系(如启用来访者担任助手、让来访者无偿为自己服务等)，教师、督导师与接受培训者有性接触等；③保密方面的问题，如培训中录像、录音的知情权(未经前来参加培训演示的来访者同意，接受培训者私自对培训中的治疗演示进行录音、录像)；④专业伦理咨询，例如青少年咨询中的保密及家长知情权问题，危机处理中的保密突破问题等。此阶段注册系统已经对外公布有效投诉需具备的条件，但有些注册系统成员发现其他成员的问题报告给伦理工作组，仅希望伦理工作组对此情况进行备案，未打算真正进行实名投诉。对实际需要处理的问题，伦理工作组开会讨论后决定处理方法，如由伦理工作组组长进行告诫谈话，以及对违反伦理者进行惩戒性处理等。例如，2011年评审者发现在提交的案例中存在"抄袭行为"或"不实个案"(编造个案或抄袭网络/他人案例)时，提交伦理工作委员会审核，由伦理工作组秘书通知申请人，申请人在规定时间内不能提供证据证明案例真实性者，认定为抄袭行为。伦理工作组决定，抄袭者伦理审查不予通过。从2012年开始，对于被发现的抄袭者，注册系统在2年内不再受理其注册登记申请；且其推荐者的推荐资格也将被暂停1年，同时在注册系统内部通讯上发布信息，告知对抄袭行为的处理，提醒申请者和注册系统成员对此保持警觉。

在2013年5月1日《中华人民共和国精神卫生法》实施后出现了第一例咨询师成为被告的事件，该事件在当年7月的注册系统委员会议上引发伦理工作组的注意和讨论。在伦理工作组的会议上还有委员报告其了解到在某个躯体干预培训中，有国外培训师要求学员脱衣服等情况，认为其行为不符合伦理守则。伦理工作组经讨论，认为应该与培训组织者进行沟通并给予告诫。伦理工作组的会议还讨论了注册工作组到待评审的实习机构评审结束后被送小礼物事件。伦理工作组评价了有关机构赠送礼物的动机、礼物的价值及礼物是否影响了评审结果等方面情况，最终决定此事不涉及对伦理的违反，不对此进行惩罚，但要提醒有关单位对送礼事宜需要有伦理敏感性。

2014—2017年，注册系统伦理工作组负责的电子信箱收到的投诉及举报包括1例未予登记的涉外事件，即国外专业人员举报某一被国外专业组织处理的人员，因在国外无法进行心理治疗工作便到中国某地工作，因其为非注册系统成员，注册系统不予处理，但请注册系统驻该地委员对有关单位尽提醒义务；另有举报有人冒用注册系统督导师名义，或有专业人员与机构有冲突及劳务纠纷，因涉及人员并非注册系统成员，未处理。还有一些因未涉及注册系统成员，则将投诉情况进行伦理备案(例如某培训项目涉及的伦理问题、中学危机干预、江苏昆山败诉案)。

此期间涉及注册系统成员的投诉案件还包括某注册系统成员自我介绍的情况不实，对此情况进行了提醒；伦理公示期举报某督导师申报材料有不实情况，因其为非实名且说明只是向伦理工作组报告有关情况，伦理工作组成员讨论了涉及的具体情况，认为涉及的内容对该申请者的评审结果影响不大，未予处理。在另一例评审中，评审者发现申请人申报的案例有抄袭情况，申请者承认其抄袭行为，注册系统伦理工作组开会讨论对其行为的处理办法，给予当事人警告处理，2年内不受理其申请，其推荐人停止推荐资格1年。

2014年2月，注册系统伦理工作组接到第一例来访者实名投诉注册系统督导师的举报。被投诉人以咨询师的身份开始工作，后与投诉人多次发生性关系，投诉人称对其造成了伤害。收到此投诉后，按照伦理投诉程序，伦理工作组确认其为有效投诉并成立了5人专门工作小组。2014年6月，分别通知投诉人、被投诉人在北京进行调查质证，当面提交证据及举证或申诉，投诉人调查质证如期进行。被投诉人拒绝来京参加调查。此后，工作小组又一次发出调查函，就重要事实进行核对，并请被投诉人提供解释和证据，但直到规定期限未收到被投诉人答复。工作小组对此案例高度重视，多次仔细回放相关录音、回顾相关资料，对有关情况反复开会研讨。还专门聘请了王智弘老师作为伦理组顾问，也邀请了法律方面的专家，听取他们的专业建议。在伦理工作组做出处理意见、注册系统委员会通过后，将处理意见发函给投诉人和被投诉人，并于2015年8月在注册系统网站上公布了处理意见。经调查，确认被投诉人在有效注册期内违背了《伦理守则》1.8和1.9条款，依据《注册系统伦理投诉案件处理办法》，在注册系统给予其永久除名的处理。被投诉人对处理意见不服，申请监事组核查，监事组于2015年12月20日组织了有被投诉人到场的论证，最终维持原处理意见。

此处理意见的公布，在专业领域内的影响非常大，注册系统微信公众号的点击量超30万。国内许多专业或非专业的人员因此关注了注册系统，肯定和赞赏此处理决定，认为注册系统是一个正规且规范的专业组织，一些人因此萌发加入注册系统的想法。与此同时，此处理意见也引发了一些争论，负面声音认为此事是小题大做，或者认为专业伦理只注意保护来访者，没有注意保护咨询师，甚至有人声援被处理的咨询师。

对此，注册系统认为，应加大《伦理守则》的宣传力度，让广大民众和专业人员真正了解心理咨询和心理治疗工作及专业伦理；了解咨询师与来访者为什么不能有性或亲密关系,其对专业关系及专业工作的影响是什么,更重要的是这样的关系给来访者带来的伤害是什么。而对于专业人员,伦理与专业技能一样,是专业工作的两个翅膀,缺一不可。尽早进行伦理学习,可以按照伦理的指引,更好地从事专业工作,有效地帮助来访者,同时也能够保护自己、少犯错误。

在此事件的处理过程中,樊富珉带领的伦理专门工作小组,花费了大量的时间和精力,也承受了不少有形与无形的压力。他们最终顶住了压力,很好地完成了工作使命,这是非常不容易的。专业人士认为这不仅是中国第一起伦理处理案件,也是华人社会第一起正式处理的案例;在国际上,一些华裔专业人员也对此决定给予充分肯定。

此后,伦理工作组于2015年10月又接到一例对注册系统成员的实名投诉。有了第一次伦理案例的处理经验,此案例的工作过程比较顺利,最终决定对该注册系统成员进行训诫谈话。

除了处理伦理投诉的工作,当注册系统成员对一些伦理议题寻求帮助和建议时,伦理工作组成员及注册系统其他成员还义务承担了不少顾问的工作。例如危机干预(来访者或热线电话来话者的自杀危机、伤害社会的威胁)、保密突破问题、青少年咨询伦理与法律问题(中学生被强奸,在当事人不同意的情况下是否告知家长)等。

此外,伦理工作组还主动承担了一些社会工作。例如,2016年某知名心理访谈类电视节目使用了一些非专业的表述,引发专业领域的一片争议。伦理工作组樊富珉、徐凯文、田成华、刘军、安芹及注册系统成员杨凤池等与节目制作方进行了深入座谈,帮助他们了解专业伦理、邀请嘉宾的注意事项等,为今后的节目制作提供了建设性的意见和建议。这些建议促进了该节目的反思和改版。这样的工作带来了良好的社会效益。

3. 宣传、推广《伦理守则》

因我国一直缺乏系统的临床与咨询心理学学历教育,许多进入心理咨询和心理治疗行业领域的人员是半路出家,热心参加各种培训,这些专业培训往往重学派理论与技术的介绍，而缺乏伦理培训。2007年，注册系统建立之初面临的就是这样的局面。

注册系统从2007年起开始了伦理推广之路。注册系统和临床与咨询心理学专业委员会于2007年7月和12月举办了两期临床与咨询心理学专业伦理的工作坊，由钱铭怡和侯志瑾主持，每期三天，参加者绝大部分是注册系统的最初成员。

2007年11月，樊富珉在开封举办的全国心理学大会上报告"心理咨询与心理治疗中的伦理问题思考——兼谈《中国心理学会临床与咨询心理学工作伦理守则》"，这是第一次在全国性学术会议上针对专业伦理的演讲；在同一学术会议上，钱铭怡和侯志瑾主持了半天的伦理工作坊。此后，在中国心理学会及中国心理卫生协会主办的多次学术会议上，注册系统伦理工作组都组织了以伦理为主题的演讲、分组专题会、专题论坛和伦理工作坊，均收到了良好效果。这些内容紧扣专业发展及国内外重要事件，引发同行对伦理问题的关注。例如，在第五届临床心理学注册系统大会论坛上，王智弘、樊富珉、田成华、刘军、安芹等对"咨询伦理能够治好行业发展的乱象病吗？"的讨论；在中国心理学会第18届年会上，韩布新、钱铭怡、樊富珉、侯志瑾、安芹等主持的论坛"从APA高层因其成员参与虐囚事件辞职谈起"，探讨了伦理在专业发展中的重要意义等。

2007年5月，钱铭怡在俄罗斯叶卡捷林堡举办的亚洲第五届心理治疗大会上报告"中国心理治疗的伦理进展"；在上海由德中心理治疗研究院举办的中德心理治疗大会上，钱铭怡同样以伦理为主题做了题为"中国心理治疗伦理问题"的演讲。2007年7月，樊富珉在中奥心理治疗学术会上报告"团体心理咨询的伦理问题"。这些演讲和报告最先将中国心理治疗与心理咨询专业伦理发展情况向国际同行进行介绍并与他们进行交流。

此后，伦理工作组樊富珉、陈向一、徐凯文、钱铭怡和侯志瑾等多次在国内不同地区进行伦理培训。注册系统也多次邀请伦理方面的专家王智弘进行各种层次的伦理培训。伦理工作组多位委员及注册系统督导师逐步加入伦理培训的行列，例如刘军、田成华、张海音、王欣、孟莉、安芹等。

当注册系统逐步加强了对申请注册登记者前期接受伦理培训的要求后，每一年的 4 月底，即申请截止日期到来之前，都有许多人要求参加伦理培训。伦理工作组也因此在申请截止日期前连续多年专门组织伦理培训，樊富珉、刘军、徐凯文、安芹、田成华等都是主力培训师。此外，注册系统参加的中国心理学会学会能力提升项目，在全国各地建立督导点，也纷纷制订了伦理培训计划，在伦理培训方面基本达到了有督导点的地区全覆盖。

伦理工作组还特别邀请王智弘教授于 2015 年 5 月 8 日在上海专门为注册系统委员进行了为期一天的伦理培训，对提升注册系统委员的伦理意识、伦理敏感性和对伦理议题的处理能力有很大帮助。同样是对注册系统委员的伦理培训于 2017 年 6 月 26~27 日又进行了一次，此次培训为期两天，王智弘教授以专题的形式讲授了"伦理督导""伦理教学"和"伦理仲裁"三个重点内容，对未来注册系统深入开展伦理方面的督导、教学以及伦理问题的处理十分有益。

除了上述工作之外，高校的伦理教学工作也逐步开展起来。自钱铭怡于 2005 年在北京大学心理学系首开临床与咨询心理学伦理课程后，一些高校的相关任课教师在不同的心理咨询与治疗课程中增加了伦理方面的内容。例如，清华大学樊富珉、南京大学桑志芹等。赵静波在南方医科大学、訾非在北京林业大学、孙启武在华中师范大学均开设了专门的伦理课程。2017 年 12 月，注册系统和临床与咨询心理学专业委员会以及教育部全国应用心理专业学位研究生教学指导委员会合作，在北京大学举办了一期针对应用心理学硕士教师进行的临床与咨询心理学伦理师资培训，樊富珉、侯志瑾、钱铭怡、徐凯文、安芹等担任培训教师。此次培训对各地高校心理学院系未来在心理咨询与治疗课程中补充伦理授课内容或单独进行伦理课程的教学，具有积极的促进作用。

季建林和赵静波于 2006 年出版了《心理咨询和心理治疗的伦理学问题》一书，编译的内容比较多，参考的主要是美国心理学会的伦理条款。侯志瑾则带领其学生翻译出版了美国的两本伦理专著，一本是伊丽莎白·雷诺兹·维尔福的《心理咨询与治疗伦理》，另一本是莱恩·斯佩里的《心理咨询的伦理与实践》。这两本译著内容详实，对专业人员学习伦理知识有很大帮助。

整体而言，注册系统，特别是伦理工作组，为落实《伦理守则》，向全国推广《伦理守则》，矢志不渝，不断努力；伦理由不为人知和不被理解，到目前获得比较广泛的传播,成果是显而易见的。2018年,第四届委员会履新后,伦理工作组在新一任组长桑志芹的带领下,将伦理培训分为初、中、高三级,且积极在全国各督导点进行教师及注册系统委员的伦理教学师资培训,伦理培训在各地,特别是有督导点的地区,往往一年会举办两次或以上。相信在专业领域中未来的伦理培训一定会更上一层楼。

五、注册系统所做各项工作

1. 注册系统组织的专业会议

2007年12月6日,注册系统在北京邮电疗养院举办注册成员证书颁发仪式,时任中国心理学会理事长张侃专程出席,并为每位到会的注册系统成员颁发证书。虽然时值年末,许多刚刚成功注册登记的督导师和心理师都积极到会,当时仅有一届督导师和一届心理师,一共209人的队伍到会89人。现在翻看当时的照片,每个人的脸上都洋溢着自豪和快乐;与会者对成为注册系统成员具有专业自豪感,同时对促进中国心理咨询和心理治疗专业的发展怀有使命感。

此后至2017年,注册系统与中国心理学会临床与咨询心理学专业委员会一起共召开了五届学术会议。

2009年7月5~6日,第一届中国心理学会临床与咨询心理学专业机构和专业人员注册系统会议在北京邮电疗养院召开,约150人参会。会议期间召开了会员代表大会,以选举的方式为下届委员会增补了新委员。

2012年7月6~8日,第二届中国心理学会临床与咨询心理学专业机构和专业人员注册系统会议暨中国心理学会临床与咨询心理学专业委员会2012年学术会议在北京大学中关新园召开,约300人参加了会议。会议期间还召开了注册系统会员代表大会。

2013年7月21~23日,第三届中国心理学会临床与咨询心理学专业机构和专业人员注册系统会议暨中国心理学会临床与咨询心理学专业委员会2013年学术会议在北京大学中关新园召开。会议主题为"《中华人民共和国精神卫生法》颁布后心理健康工作的跨学科合作",约500人参加了会议。会议期间召开了会员代表大会,一项重要日程是选举第三届注册工作组和伦理工作组成员;选举工作组负责人是梁宝勇、霍莉钦、陆晓娅等。在选举过程中，梁宝勇老师发表了热情洋溢的感言，称可以用四个词、八个字来概括注册系统的鲜明风格：科学、民主、包容、友善。会议最终顺利选出第三届注册系统委员，这届委员也成为2014年被批准正式成为中国心理学会临床心理学注册工作委员会的第一届委员。

2015年7月11～12日，第四届中国心理学会临床与咨询心理学专业机构和专业人员注册系统会议暨中国心理学会临床与咨询心理学专业委员会2015年学术会议在北京大学中关新园召开，约900人参加会议。会议期间召开了会员代表大会。

2017年6月30日～7月2日，第五届中国心理学会临床与咨询心理学专业机构和专业人员注册系统会议暨中国心理学会临床与咨询心理学专业委员会2017年学术会议在北京大学召开，约1700人参加会议。会议期间召开了会员代表大会，由樊富珉、韩布新、田成华、杨蕴萍、肖旭组成选举工作小组，会议首次使用电子投票方式，选举出第四届委员会委员。此次会议首次颁发了以我国临床与咨询心理学领域三位杰出人物命名的奖项：陈仲庚卓越临床心理科研贡献奖、万文鹏卓越临床心理社会工作贡献奖、钟友彬卓越临床心理咨询与治疗贡献奖。三个奖项通过组织提名、委员投票，分别授予钱铭怡(北京大学)、马佳丽(德国，中德班创始人)和樊富珉(清华大学)三人。

除了组织学术会议之外，注册系统还积极参与国际会议的组织筹备等工作。比较重要的会议包括：2008年10月12～15日在北京召开的第五届世界心理治疗大会，会议主办单位为世界心理治疗学会(The World Council for Psychotherapy，WCP)，WCP的主席Alfred Pritz博士和时任注册系统主任委员的钱铭怡博士担任大会的联合主席。许多世界著名的心理治疗师共计1500余位中外代表聚集北京，参加了此次会议。

2014年5月9～11日，第21届国际心理治疗联盟世界心理治疗大会在上海召开。会议的主题是：心理治疗对全球健康的贡献(The 21st IFP World Congress of Psychotherapy: Psychotherapy Contributing to Global Health)。注册系统副主任委员赵旭东担任大会中方主席，注册系统时任主任委员钱铭怡担任学术委员会主席，此次盛会共吸引了国内外 1100 多位代表参加。

两次国际会议令来自世界各地的专业人士对中国改革开放带来的发展有了切身的体会，了解了来自中国的同行的努力及专业进展；同时也使我国同行了解了专业领域内新的发展动态，促进了国际交流与交往。

2. 注册系统组织的心理援助活动及督导点的工作

(1) 注册系统组织及参与的心理援助活动。

注册系统自建立以来，一直积极参与各项心理救援活动。注册系统遇到的第一次大的心理援助事件是汶川大地震。2008 年 5 月 12 日，四川汶川发生地震，震后第二天注册系统即行动起来，参与了中国心理学界危机干预和灾难心理援助项目组。此项目组由中国心理学会、北京大学心理学系、北京心理卫生协会三家单位成立，其成员以注册系统专业人员为主，开展了一系列对地震灾区的心理援助工作。例如，对赴四川进行援助的人员进行培训，先后选派 5 批次以上人员到四川地震灾区，许多注册系统成员参与了不同系统和单位组建的心理援助队伍，为灾区民众提供心理救援服务。四川的注册系统成员更是一马当先，吴薇莉、肖旭、张岚、陈秋燕、孔勤、卢勤、姜启壮、黄莉薇、谭友果等均是突出代表。此后，还有一批注册系统专业人员长期坚持为灾区进行心理干预和专业培训工作。在地震发生后的几个月内，注册系统于四川灾区和北京等地组织有数百人参加的培训 10 余次；编写培训教材；编写并印发心理援助资料 5 万多份；以项目组为主在中央广播电视大学编制了 11 集心理援助录像，2008 年底获得中国出版工作者协会第二届中华优秀出版物奖抗震救灾特别奖。

注册系统比较集中地参与了其后的四川雅安地震、甘肃岷山地震的援助工作。注册系统成员还多次参加了其他心理援助工作，例如甘肃舟曲泥石流灾害、云南鲁甸地震、上海静安区火灾事故、青海玉树地震、湖北监利沉船事故等。此外，2015 年 8 月 12 日天津港危险品大爆炸事故发生后，也有多位注册系统成员，例如樊富珉、赵旭东、徐凯文、陶勑恒、李林英、霍丽钦等赴天津对专业人员进行心理援助的专业培训；张劲松、刘红、陈庆玲等于 8 月 21～22 日为天津参与救援工作的精神科医生和心理咨询师进行 EMDR 稳定化技术的培训；天津大学杨丽等与其他专业单位合作，对天津的专业人员进行了多次培训，并组织专业力量分批进入天津港接受伤员的医院进行心理援助。

在心理援助中，注册系统成员意识到，授人以鱼不如授人以渔，到各地去进行心理援助，参与的志愿者常常受到自身工作的限制，不能进行长期连续的援助工作。此外，一些待援助地区的文化习俗、方言等也会影响援助工作的效果。基于汶川地震心理援助的经验，例如北京大学的注册系统成员在汶川地震之后获得北京大学、壹基金和聚光科技基金等项目支持，与四川的同行一起在地震极重灾区彭州、都江堰、绵阳、北川等四地持续几年以每月一次(一天督导、一天培训的形式)的频率对当地中小学心理老师进行培训，再由这些参加过培训的心理老师直接对当地学生进行心理干预。事实证明这种方法效果良好，工作有延续性，也为当地留下了一支"不走的"专业队伍。清华大学的注册系统成员与香港大学行为健康教研中心合作，获得了加拿大何宏毅基金资助，连续两年在汶川地震重灾区北川和安县培训百名中小学心理健康骨干教师，并到学校进行现场督导，督导工作持续多年，使当地中小学因此获益。

(2) 注册系统督导培训项目及督导培训工作。

由四川援助等经验出发，面对我国快速增长的心理咨询与治疗专业队伍及其专业能力尚不能在数量和质量上满足民众需求的情况，为了更好地运用注册系统的专家和督导资源为各地专业人员提供专业支持，促进各地专业发展，当中国心理学会获得中国科协学会能力提升项目支持时，注册系统积极申请，并获得学会大力支持。注册系统于2012年开始，正式承接和实施了中国心理学学会能力提升专项心理咨询与心理治疗培训督导子项目。

该项目的负责人是钱铭怡和贾晓明，项目一期(2012—2014)的秘书是张黎黎，她为此项目最初的顺利实施做了大量工作。项目在2012年实施之初就建立了一整套规则和规定，项目宗旨是推动各地心理咨询与治疗的专业工作发展，进行督导和培训一定要有别于商业机构的培训，也要有别于之前许多其他单次培训或单次不连续的督导活动。此项目在全国有条件的地区选择符合设立督导点条件的单位，设立督导点，开展连续、系统地督导和培训工作。项目规定无论在何处开展工作，均需为非营利项目。督导点需至少有注册督导师1人、心理师2人组成稳定的领导小组；每个督导点一年内组织督导不少于8次，每个督导点可选择20～30人左右作为固定学员进行连续的督导和培训，且这些固定学员需经过筛选。这样设置项目的思路是：通过对这些固定学员的连续培训，希望他们经过2～3年的培养，未来可以成为当地的行业骨干力量，在当地的不同单位，再带动一批专业人员，以此推动地区专业水平的提升，促进该地的专业发展。

在项目第一期三年间，共建立了14个督导培训点，包括项目第一年度建立的7个督导点：四川成都(负责人张岚、肖旭)、河南开封(负责人王瑶、柴美静、陈景芳)、山东青岛(负责人郑洪利、刘国秋)、江苏南京(负责人桑志芹)、湖北武汉(负责人江光荣)、上海(负责人张海音)、山西太原(负责人罗锦秀)；第二年度建立的4个督导点：天津(负责人梁宝勇、杨丽)、浙江杭州(负责人朱婉儿、马建青)、福建福州(负责人林芳、何少颖)、陕西西安(负责人张天布)。再加上此前注册系统的培训地北京市监狱管理局督导点，第三年建立的重庆(负责人瞿伟)和安徽合肥(负责人李晓驷)两个督导点。14个督导点三年内共培训固定参与学员1564人，开展培训与督导2826.5小时，固定参与学员对当地民众进行个体与团体咨询共计144 871人次。部分固定参与学员在受训前后进行了临床能力的量表自评，结果表明：学员在心理咨询与治疗专业胜任程度、灵活性、理解分析、知识掌握等方面均有提升。在2014年11月28日进行的专家评审会上，各位专家指出：此项目在国内是一项开创性的工作，在学会能力建设以及心理咨询与治疗培训督导工作方面均起到了示范作用。

项目第二期(2015—2017)在第一期的基础上，在已建立的14个督导点中，除北京市监狱管理局结项外，其他13个督导点热情高涨，均申请在项目第二期继续运行。项目第二期新建7个督导点，包括2015年辽宁大连(负责人胡月)、甘肃兰州(负责人王立冬)、黑龙江哈尔滨(负责人盛晓春、王新本)督导点；2016年云南昆明(负责人解亚宁)、广东深圳(负责人陈向一、贺鑫)、广西(负责人何昭红、江光荣)、青海(负责人张秀琴)督导点。2017年，注册系统在江苏新建江苏督导点青少年心理咨询分点(负责人陶勑恒、任其平)，以及湖南长沙督导培育点(负责人江光荣)。在项目第二期，督导点的建设向东北、西部等心理咨询与心理治疗相对不发达地区发展，并新建了江苏督导点青少年心理咨询分点，以及在条件尚不十分成熟的湖南地区建立了督导培育点，体现了督导点项目对未来发展的新尝试。在项目第二期的实施期间，2016年成立了督导点项目的领导小组，由钱铭怡、贾晓明和陈向一3人组成，督导点项目的重要事项，均由此领导小组一起讨论决定。项目第二期秘书换了两任，张黎黎之后由吴泠璇、关雪杨在不同时期承担了秘书工作。在领导小组的带领下，督导点的管理进一步规范，例如有各种申报及申请表格、评估表，每年提交工作计划，定期提交工作总结，对非营利性有明确的说明，对财务有指导、有要求等，这些也是项目成功的重要保证。项目第二期三年(2015—2017)共培训固定参与学员24 498人次，开展培训与督导7035.5小时。至2017年9月，固定参与学员为民众提供个体与团体咨询服务达201 322人次。2017年10月14～15日，中国心理学会能力提升专项心理咨询与心理治疗培训督导项目在北京大学召开了第二期项目总结与专家评审会，参加评审的专家一致认为：此项目超额完成了预期任务，"在国内是一项具有开创性、实用性的工作，对提升心理咨询与心理治疗专业人员的胜任力具有积极意义"。督导点项目之所以能够顺利开展，与各督导点负责人、秘书的努力工作是分不开的。参与总结评审会议的督导点负责人及秘书等均表示要坚持督导点工作的科学性、规范性和非营利原则，更好地完成督导点的工作，不负注册系统对社会的职责和使命。

督导点项目获得了中国心理学会领导的肯定，认为是学会能力提升项目的亮点；获得了督导点当地同行的肯定，认为有知名专家授课和督导为各地传输了专业知识和技能，而且因是非营利项目，也在各地树立了培训新风；获得了各督导点学员的认可，认为帮助自己提升了伦理意识和专业胜任力，能够更好地为当地民众服务。注册系统也因此扩大了影响力，促进了自身发展。在每年的注册系统成员申请季，哪个督导点工作做得好，哪里的申请人就多，这也反映出督导点的作用和意义。

除了督导点项目之外，鉴于国内许多专业人员未曾经历系统的专业培训，在临床实践中急需督导指导，而经过良好培训的专业督导又缺乏的情况，江光荣承担了在武汉组织由临床心理学注册工作委员会主办、湖北东方明见心理健康研究所承办的中美心理咨询与治疗临床督导培训项目。项目主持人为美国临床督导学界的著名专家 R. Goodyear, C. Flander 及段昌明教授。此项目在 2015 年 6 月至 2016 年 6 月完成了第一期,每期两次,各 7 天培训。在项目培训间歇,还设置了由两位美国老师及华裔督导师带领的 10 次远程小组督导。此项目在 2016—2017 年及 2017—2018 年仍在继续。参加过此培训的学员有注册系统多名督导师,也有希望成为督导师的资深专业人员。通过学习,他们对基于胜任力的督导如何进行、督导工作的任务及规范有了更清晰的认识,在从事督导工作的专业理念及技能方面有了极大提升。此项目获得了学员的良好评价,并成为在国内具有重要影响的督导师培训项目。

3. 注册系统积极为《精神卫生法》立法和行业发展献计献策

注册系统自成立之初就以推动全国心理咨询与治疗行业健康发展为己任。关注行业发展,一方面以《注册标准》和《伦理守则》为指引,以高标准严要求促进专业队伍的成长和发展;另一方面,积极为国家相关法律法规的建设献计献策。

在此方面,比较突出的事例是与我国《精神卫生法》的建立有关的。2008 年 8 月,在德国德中心理治疗研究院的协助下,注册系统成员赵旭东、肖泽萍等发起并参加由当时的卫生部疾控局精神卫生处、上海市卫生局带队的考察访问活动。此次活动由严俊(时任卫生部疾控局精神卫生处处长)带队,注册系统赵旭东、肖泽萍、钱铭怡、施琪嘉参加了此次活动,赴德国、奥地利针对心理治疗管理问题开展了为期 8 天的调研。参观访问了德国卫生部、巴符州社会保障部及多处专业机构,以及奥地利弗洛伊德大学。此次调研对推进《精神卫生法》的起草工作具有积极影响。

2011 年 5~6 月,国务院公布《精神卫生法(草案)》并向全社会征求意见,内容涉及心理治疗与咨询,中国心理学会以学会名义提交了对草案的意见,注册系统多名成员参与了此项工作。同年 10 月,全国人大公布《精神卫生法(草案)》并向全社会公开征求意见,内容涉及心理治疗与咨询,注册系统再次就其中的问题向全国人大提交修改意见和建议。2012 年 3 月,樊富珉和钱铭怡还代表注册系统到全国人大法工委阐述了心理学界对《精神卫生法》的看法,并提出修改建议。

在《精神卫生法》即将出台并将于 2013 年 5 月 1 日实施之际，2012 年 8 月，在德国德中心理治疗研究院的协助下，由肖泽萍发起，赵旭东担任协调人，谢斌、施琪嘉等作为代表团成员参加了由全国人大常委会法工委行政法室、卫生部疾控局及法规司、上海市卫生局组织的，赴德国、法国开展的"心理治疗的管理"专题调研。在为期 8 天的调研中参观访问了德国卫生部、巴符州社会保障部及德、法两国多处专业机构，为相关政府领导理解心理治疗及其特点和国外管理状况，推进《精神卫生法》的编写工作起到积极作用。

2016 年 8 月 19 日，在全国卫生与健康大会上，习近平主席出席会议并发表重要讲话，指出：没有全民健康，就没有全面小康。在讲话中，习主席提出要加大心理健康问题基础性研究，做好心理健康知识和心理疾病科普工作，规范发展心理治疗、心理咨询等心理健康服务。2016 年 10 月 25 日，中共中央、国务院印发《"健康中国 2030"规划纲要》，其中的第五章第三节专门就如何促进心理健康进行了讨论。这一年对心理健康方面的工作而言，是十分重要的一年。

当时的卫计委疾控局副局长王斌分管精神卫生和心理健康服务方面的工作，在她和疾控局精神卫生处时任处长王立英的领导下，从 2016 年的春节前启动对心理健康服务调查的研讨，到 2016 年 12 月 30 日 22 部委联合印发《关于加强心理健康服务的指导意见》(国卫疾控发【2016】77 号)，卫计委用几乎一整年的时间组织了多次实地调研和数次不同层面的专家研讨会。赵旭东、樊富珉、钱铭怡、祝卓宏、贾晓明等多名注册系统委员多次参加国家卫计委组织的会议调研及研讨，为起草 77 号文件建言献策。另外，由多位同行提供资料，赵旭东和钟杰执笔完成了《部分国家和地区心理健康服务及管理模式简介》的调研报告，为上述文件出台提供了基本信息。

《关于加强心理健康服务的指导意见》中提出要解决 4 个基本问题，包括：建立健全心理健康服务体系，加强心理健康人才队伍建设，规范心理健康服务行业发展，加强组织领导和工作保障。2017 年 3 月 2~3 日，为落实该《意见》，卫计委在长沙召开了关于精神卫生和临床心理学人才培养的会议，注册系统赵旭东、樊富珉、钱铭怡、江光荣、桑志芹、贾晓明等参加会议。

2017年9月12日，人力资源和社会保障部发布《关于公布国家职业资格目录的通知》(人社部发【2017】68号)，公布了140项职业资格，"心理咨询师"从目录中消失。可以说，这是心理咨询领域的一个重大事件。2017年11月的考试将是最后一次心理咨询师考试(2018年5月仅留一次补考机会)。从2001年当时的劳动部颁布国家心理咨询师的相关文件，2002年开始考试到2018年，约300万人次参加此项考试，约150万人次通过考试拿到了心理咨询师三级或二级证书。心理咨询师考试不再继续这一事件带来两点提示：一是终止了一项门槛过低的考试，二是表明心理咨询没有列入国家职业准入制度的框架。

2017年9月，卫计委领导多次与注册系统负责人及秘书长谈话，希望在心理咨询师考试取消之后，注册系统(中国心理学会)和中国心理卫生协会能够从国家层面考虑，拿出一套对心理咨询与治疗行业从业人员的规范和发展规划。为此，注册系统建立了专门的工作小组，由贾晓明、钱铭怡负责，小组成员包括钟杰、徐凯文、刘兴华、安芹、官锐园、孟莉，大家分工合作，9月~11月多次开会进行研讨，最终由贾晓明代表注册系统向卫计委领导进行汇报。多次修改的注册系统规划等内容，也使注册系统的未来发展思路越发清晰。

此后，在卫计委促动下，2017年12月24日由时任中国心理学会理事长傅小兰授权，韩布新副秘书长及其他注册系统成员与中国心理卫生协会代表一起，在北京安定医院对未来工作规划和设想进行讨论以达成共识。2017年12月26日，在卫计委疾控局召开的心理健康服务专家座谈会上，王斌副局长对全国心理健康服务工作发表了重要讲话，贾晓明代表中国心理学会介绍了注册系统未来工作发展规划和设想。

在这些规划和设想中，对已有的获得二级或三级心理咨询师证书的人员，一些人可以在社区和企业从事心理辅导工作；一批已经在心理咨询和心理治疗领域工作的人员，希望可以通过培训及督导，帮助他们进入注册系统的助理心理师或心理师行列；而未来进入这一专业领域的人员，应是由高校培养的临床或咨询心理学的专业人才，即本科生、硕士生、博士生毕业后可分级从事心理辅导、心理咨询或治疗等临床实践工作。学历教育将是临床与咨询心理学专业人员的主要培养途径。

这些规划和设想，也体现在《注册标准》第二版的修改中，例如在第二版中增加了临床与咨询心理学本科培养方案的注册标准，和之前的临床与咨询心理学硕士、博士培养方案注册标准一起构成对临床与咨询心理学的总体设计思路：本科生毕业后可以做心理辅导工作，如果希望在专业领域进一步发展，则需要进一步进行学习，争取申请助理心理师注册登记；硕士生毕业后应可以在上级督导指导下进行心理咨询或心理治疗工作，2年内争取申请心理师注册登记；博士生毕业后应可以进行心理咨询和心理治疗工作，可以申请心理师注册登记，同时应可在上级督导指导下做一定的督导实习工作。

除了在《精神卫生法》立法和推进心理健康服务管理方面的努力参与之外，注册系统成立之后几乎每年都会在全国人大及政协开会期间，请人大代表或政协委员提出议案或提案。主题包括：对《精神卫生法》提出的修改意见和建议；呼吁建立"心理健康促进法"或"心理师法"；在心理学一级学科下建立临床与咨询心理学二级学科，以及加强临床与咨询心理学人才培养的建议等。期间，韩布新、桑志芹、钱铭怡、徐凯文、钟杰、樊富珉、江光荣、贾晓明、赵旭东等均在此方面做了大量工作。

在促进临床与咨询心理学专业发展方面，注册系统同样持续不懈地努力着。2013年1月，樊富珉、江光荣、祝卓宏、钟杰等受邀赴香港中文大学心理学系参加"大中华地区临床与咨询心理学胜任力研讨会"，会上提出了"华人临床心理核心胜任力"七大类29种。同年7月，韩布新、钟杰等赴瑞典参加"国际心理学专业胜任力标准"的研讨会。韩布新作为项目组成员持续参与了国际心理学专业胜任力项目的工作。2016年2月4日，钱铭怡和钟杰应邀在中国科学院心理研究所与"国际心理学专业胜任力"(international declaration on competence of psychology)项目组交流，会上钟杰介绍了注册系统的发展情况。

2016年6月13～14日，由全国应用心理专业学位研究生教学指导委员会主办，中国心理学会临床与咨询心理学专业委员会、临床心理学注册工作委员会和华中师范大学心理学院承办的"临床与咨询心理学2016教学研讨会"在武汉召开。来自65家教学单位的97位代表参加了会议。会议起草并一致通过了《关于中国临床与咨询心理学专业研究生培养的若干共识》，明确了临床与咨询心理学"学术型"及"应用型"研究生的培养目标，提出为保证心理健康服务的专业性和质量，学历教育应该成为我国临床与咨询心理学人才培养的主渠道，未来应单独设立临床与咨询心理学专业等重要观点。

2017年，部分注册系统成员(樊富珉、钱铭怡、江光荣、桑志芹、贾晓明、钟杰、侯志瑾、王建平等)以及乔志宏等，为更好开展临床与咨询心理学的学历教育，以自己所在高校名义致信教育部部长。同年4月获得陈宝生部长批示后，于4月21日教育部、国务院学位办、研究生培养处召开关于临床与咨询心理学人才培养沟通会，教育部有关领导，国务院学位办心理学学科评议组负责人董奇，全国应用心理专业学位研究生教学指导委员会负责人吴艳红、谢晓非等出席，注册系统樊富珉、钱铭怡、钟杰及北京师范大学乔志宏等参会。

按照此次会议精神，以给陈宝生部长写信的人员为主，在教育部应用心理学专业学位研究生教学指导委员会下，成立了临床与咨询心理学专家工作小组，组长为钱铭怡，组员包括樊富珉、钱铭怡、江光荣、桑志芹、贾晓明、乔志宏等，钟杰、刘兴华为秘书。针对目前许多高校的临床与咨询心理学师资缺乏，或已有师资专业背景较弱的情况，专家小组成立后即开始推动应用心理学硕士的师资培训，于2017年12月进行了临床与咨询心理学工作伦理课程的教师培训，并计划继续进行其他相关课程的师资培训，包括心理咨询理论与实践课、团体心理辅导、心理评估等。

六、注册系统的发展

注册系统自2007年成立以后，始终直接向中国心理学会领导或常务理事会汇报工作。从2012年起，由担任中国心理学会常务理事的钱铭怡几次向学会常务理事会提出申请，在学会下建立注册系统相关的二级组织。因学会常务理事会认为此组织一直是与临床与咨询心理学专业委员会一起工作，须厘清二者的联系与区别。几次阐述，说明专业委员会与注册系统具有实质性区别后，2013年3月24日中国心理学会常务理事会批准建立"中国心理学会临床心理学注册工作委员会(筹)"。2014年7月29日，中国心理学会常务理事会正式批准临床心理学注册工作委员会成为中国心理学会正式分支机构。主任委员钱铭怡，副主任委员樊富珉、江光荣、赵旭东。委员会其他成员即由2013年选出的注册系统委员组成临床心理学注册工作委员会，这个工作委员会即是注册系统的领导机构。2015年7月10日，注册工作委员会会议正式确定了中国心理学会临床心理学注册工作委员会的标志。

如同其他新生事物一样，注册系统的发展道路也不是一帆风顺的。在发展过程中，对注册系统的规划和远景，注册系统成员常常会有不同观点乃至争议。具有不同专业背景(例如心理学与医学)、不同职业身份(例如身处公职单位、私营公司或私人开业的工作室)的人，均会对同一事务的决策有不同的看法。好在注册系统成立之初就确立了民主制度，且大家都是奔着同一个大目标走到一起的，因此能够求同存异、不断磨合、团结协作、共同努力。

在心存"须进一步探索心理咨询与心理治疗人员专业培训及专业组织建构与发展"之念的情况下，包括注册系统主要成员参与的两个代表团分别于2013年底和2014年3月赴我国台湾地区以及美国马里兰、华盛顿、佐治亚州展开调研。

2013年12月6～12日，在陈若璋教授的多方联系下，钱铭怡、樊富珉、桑志芹、贾晓明、施琪嘉、徐勇等赴台湾参加"第十一届台湾心理治疗与心理卫生联合会会议"。钱铭怡、樊富珉、桑志芹、贾晓明于会后考察了台湾师范大学学生心理咨询中心、台湾师范大学咨询心理学系、台湾大学心理学系、台湾教育大学、东华大学临床与咨商系、彰化师大咨商系等高校临床与咨商系所，以及门诺医院、慈济大学医院等两所医院；会见了"台湾临床心理学之父"柯永河以及吴英璋教授等人。此次调研考察了台湾临床与咨询心理学学生培养和实习情况，同时考察了2001年台湾心理师相关规定实施之后的发展趋势。代表团成员发现，台湾的教育及咨询管理方面自2001年实施相关规定后发展迅速且规范，临床与咨询心理学教学、课程及研究生实习等均有明确的要求和规定；在咨询及心理治疗临床实践方面的管理框架清晰、规则明确，值得学习借鉴。

2014年3月8～16日，受美国国际华人心理与援助专业协会(Association of Chinese Helping Professionals and Psychologists-International，ACHPPI)邀请，注册系统代表团7人(霍莉钦、侯志瑾、江光荣、贾晓明、钱铭怡、徐凯文、钟杰)

赴美国三州调研。在美国国际华人心理与援助专业协会的两任会长段昌明、汤梅教授及中国留学生的帮助下，代表团在马里兰州访问了国立儿童医院、马里兰大学心理学系(咨询心理学培养项目、临床心理学培养项目)；在华盛顿市访问了 APA 总部；到佐治亚州亚特兰大参加 APA-17 分会(咨询分会)会议。在会议期间与美国咨询心理学界多位学会、学界领导和专家见面研讨，同时在会议中举办了介绍中国心理治疗和心理咨询发展的专题会，并与华裔咨询心理学同仁进行了交流。美国同行赞赏注册系统在中国进行的专业努力，注册系统代表团则重点学习了 APA 的建构与管理，临床与咨询心理学培养项目、实习机构的认证与要求，一致认为未来注册系统在这些方面有许多可以学习和借鉴之处。

回顾过往，注册系统经历了不同的时期：

2007—2009 年，注册系统建立伊始，注册系统成员对推动我国心理咨询和心理治疗事业发展有强烈的使命感。

2009—2012 年，几乎每一年注册系统都推出新的注册登记项目，这是注册系统细心学步的时期。

2013—2016 年，随着注册系统工作开展，建立了新的小组——监事组，更加细致地进行委员分工。在注册系统组织建设方面，开始更多地建立规则——为已有的标准"打补丁"。在评审方面，向申请者提出更多具体要求：对督导师申请者要求提交督导录像，对心理师申请者要求提交录音及反思性实践报告等。工作的细致分工及规则的不断完善，意味着注册系统在逐步成长，处于蓬勃发展时期。

2016 年，如同所有组织的发展轨迹一样，在 7 月注册系统委员会议上爆发了一场大争论或者说大讨论——注册系统应该如何发展。7 月 9～10 日，注册系统委员会在北京九华山庄召开，会议讨论了注册系统发展定位、管理规则、督导点发展方向等重要议题，并讨论了注册标准修改及伦理条款修改等内容。

2016 年年底至 2017 年年初，几个工作委员会的主要委员开始探讨未来新一届注册系统委员会换届问题。注册系统需要找到为人正派、愿意奉献、敢于担当的年富力强的人来带领前行。2017 年召开的注册系统大会，是历年来参加会议人员最多的一次大会。会议是成功的，但掩盖不了发展中的争议。例如对注册系统大会是要数量，还是要质量？在此次注册系统大会召开期间的会员代表大会中完成了换届选举，前任委员会推举贾晓明为下一任主任委员。带领注册系统继续向前的重任，落在了新一届委员会的肩上。

注册系统委员会进行新老交替后，许多老成员仍以不同的方式支持着注册系统的工作，而注册系统成员也对离开的前几届委员心存感念。如第二届离开的委员梁宝勇老师等，仍然在关注和关心着注册系统的发展。还有一些前任委员，不再担任新一届委员，但往往会承担监事组委员的职责，继续为注册系统贡献力量，例如第三届委员会担任监事组工作的肖泽萍、霍莉钦、陆晓娅等；第四届委员会担任监事组工作的樊富珉、陈向一、杨蕴萍、张宁、肖旭、陶勑恒、谢钢等。

新一届委员会正式履新的时间是2018年1月，但一系列新情况的出现使第三届和第四届委员从2017年9月开始就一起上阵、团结奋战。2017年9月"心理咨询师"考试取消之后，在卫计委领导的指导下，注册系统建立了专门的工作小组，起草以心理健康服务为主的工作框架及注册系统未来工作发展规划。此工作最终获得卫计委领导的认可，也使注册系统的未来发展思路更加清晰。

2017年12月3日，注册系统第四届委员在北京大学召开会议，以贾晓明为主任委员的新一届临床心理学注册工作委员会，对已有的注册系统条例进行了梳理、补充、完善了一些新的工作条例和规则，江光荣委员提出"改革注册系统人员注册评审工作的若干建议"。在工作制度方面，开启了常务委员每月定期召开网络例会制度，尝试和制定了申请制心理师注册登记的标准。可以说，2017年所做的心理健康服务工作框架及注册系统未来工作发展规划是牛刀小试。

2018年，注册系统开展了一系列新的工作，成为注册系统发展的一个新的转折点。2018年2月，中国心理学会常务理事会通过了《注册标准(第二版)》及《伦理守则(第二版)》，两个文件于2018年11月在《心理学报》发表。新一届伦理工作组在桑志芹的带领下，进一步完善了伦理投诉流程，对伦理培训进行了新的规划。注册工作方面，2018年注册系统还相继出台了一系列新的举措，使更多的专业人员进入了注册系统：一批督导师通过了严格审查进入公示期；

注册系统的评审制申请由一年一次(4月底)改为一年两次(4月底和10月底);经过系统的研究生学历教育培训及督导的专业人员可以通过申请制方式进入注册系统(2018年11月底启动,接受第一批申请制人员的申请)等。

我们相信,未来注册系统还将面临新的机遇、新的挑战,也必然会迎来新的发展。

参 考 文 献

季建林, 赵静波. 心理咨询和心理治疗的伦理学问题. 上海: 复旦大学出版社, 2006.

江光荣, 夏勉. 美国心理咨询的资格认证制度. 中国临床心理学杂志, 2005, 13(1): 114-117.

钱铭怡. 中国心理学会临床与咨询心理学专业注册系统//中国心理学会. 2008—2009心理学学科发展报告. 北京: 中国科学技术出版社, 2009: 91-100.

汪新建. 当前心理咨询师培养中出现的问题及其对策. 中国心理卫生杂志, 2005, 19(10): 709-711.

赵旭东, 丛中, 张道龙. 关于心理咨询与治疗的职业化发展中的问题及建议. 中国心理卫生杂志, 2005, 19(3): 224.

中国心理学会. 中国心理学会临床与咨询心理学专业机构和专业人员注册标准(第一版). 心理学报, 2007a, 39(5): 942-946.

中国心理学会. 中国心理学会临床与咨询心理学工作伦理守则(第一版). 心理学报, 2007b, 39(5): 947-950.

中国心理学会. 中国心理学会临床与咨询心理学专业机构和专业人员注册标准(第二版). 心理学报, 2018a, 50(11): 1303-1313.

中国心理学会. 中国心理学会临床与咨询心理学工作伦理守则(第二版). 心理学报, 2018b, 50(11): 1314-1322.

中国心理学会, 中国心理卫生协会. 关于公布《卫生系统心理咨询与心理治疗工作者条例》的说明. 心理学报, 1993, 2: 113-114.

中华人民共和国劳动和社会保障部. 心理咨询师国家职业标准. (2002-07-21) [2004-03-31]. http://qmjx.51.net/sd/qmjx/zxbz2.htm.

钟杰. 关于中国心理咨询与治疗职业化进程问题的一些思考. 中国心理卫生杂志, 2003, 17(7): 511.

American Association for Marriage and Family Therapy. AAMFT code of ethics. [2019-05-29]. https://www.aamft.org/Legal_Ethics/Code_of_Ethics.aspx.

American Counseling Association. Codes of ethics and standards of practice. [2014-05-26]. https://www.counseling.org/knowledge-center/ethics.

American Psychological Association. Ethical principles of psychologists and code of conduct. [2017-01-01]. https://www.apa.org/ethics/code/ethics-code-2017.pdf.

Canadian Psychological Association. Canadian code of ethics for psychologists. 3rd ed. [2019-05-29]. https://cpa.ca/aboutcpa/committees/ethics/codeofethics.

European Association for Psychotherapy. Statement of ethical principle. [2019-05-29]. https://www.europsyche.org/download/cms/100510/EAP-statement-of-ethical-principles_voted-Belgrade-Oct20.pdf.

The British Psychological Society. Code of conduct, ethical principles and guidelines. [2018-04-18]. https://www.bps.org.uk/news-and-policy/bps-code-ethics-and-conduct.

The Hong Kong Psychological Society. Code of professional conduct. [2019-05-29]. http://www.hkps.org.hk/upload/page/14/self/5beb97dd93e81.pdf.

National Association of Social Workers. Code of ethics. (2017-08-04) [2019-05-29]. https://www.uaf.edu/socwork/student-information/checklist/(D)-NASW-Code-of-Ethics.pdf.

2

现任及历届委员会组成及管理规则

§1 历届委员名单

一、第一届委员及分工(2007年1月1日—2009年12月31日)

主任委员：钱铭怡

副主任委员：樊富珉、赵旭东、肖泽萍

标准制定工作组

组长：钱铭怡

成员：樊富珉、韩布新、梁宝勇、李占江、吕秋云、肖泽萍、赵旭东、郑日昌

秘书：钟杰、姚萍、徐凯文

注册工作组

组长：钱铭怡

副组长：赵旭东

成员：丛中、方新、霍莉钦、贾晓明、江光荣、唐登华、杨蕴萍、郑日昌、钟杰

秘书：徐凯文

伦理工作组

组长：樊富珉

副组长：肖泽萍

成员：陈向一、丛亚丽、侯志瑾、李鸣、梁宝勇、孙东东、田成华

秘书：姚萍、官锐园

秘书组

秘书长：钟杰

秘书：李秀君、姚萍、徐凯文、官锐园

二、第二届委员及分工(2010年1月1日—2013年12月31日)

主任委员：钱铭怡

副主任委员：樊富珉、赵旭东、肖泽萍

标准制定工作组

组长：钱铭怡

成员：樊富珉、韩布新、梁宝勇、李占江、吕秋云、钱铭怡、肖泽萍、赵旭东、郑日昌

秘书：钟杰

注册工作组

组长：钱铭怡

副组长：赵旭东

成员：方新、霍莉钦、贾晓明、江光荣、桑志芹、盛晓春、施琪嘉、唐登华、杨蕴萍、郑日昌、钟杰

秘书：卢贺、戴赟

伦理工作组

组长：樊富珉

副组长：肖泽萍

成员：陈向一、侯志瑾、梁宝勇、李鸣、陆晓娅、田成华、徐凯文

秘书：官锐园、姚萍

监事组

组长：梁宝勇

成员：杨蕴萍、桑志芹

秘书组

秘书长：徐凯文

秘书：左月侠、卢贺、戴赟、官锐园、洪海燕、林洁瀛、聂晶、姚萍、余苗、张黎黎

三、第三届委员及分工(2014 年 1 月 1 日—2017 年 12 月 31 日)

主任委员：钱铭怡

副主任委员：樊富珉、江光荣、赵旭东

标准制定工作组

组长：钱铭怡

副组长：钟杰

成员：陈向一、樊富珉、韩布新、侯志瑾、江光荣、赵旭东

秘书：李松蔚

注册工作组

组长：钱铭怡

副组长：江光荣、赵旭东

成员：方新、贾晓明、李晓驷、李旭、李振涛、林芳、罗锦秀、孟馥、桑志芹、盛晓春、施琪嘉、陶勑恒、陶新华、唐登华、王建平、杨蕴萍、钟杰、祝卓宏

秘书：官锐园、张丝艳、朱旭、张黎黎、左月侠

伦理工作组

组长：樊富珉

副组长：陈向一、侯志瑾

成员：陈正华、韩布新、刘军、瞿伟、田成华、王欣、肖旭、谢钢、徐凯文、张海音、张宁

秘书：安芹

监事组

组长：肖泽萍

副组长：霍莉钦

成员：梁宝勇、陆晓娅、郑日昌

秘书：洪海燕

秘书处

秘书长：徐凯文

副秘书长：官锐园

常务秘书：卢贺

秘书：左月侠、洪海燕、关雪杨、范丹、吴泠璇、安芹、李松蔚、张黎黎、张丝艳、朱旭

§2 现任委员及分工(2018年1月1日—2021年12月31日)

主任委员：贾晓明

副主任委员：钱铭怡、赵旭东、桑志芹、钟杰

标准制定工作组

组长：钟杰

副组长：赵旭东

成员：江光荣、侯志瑾、施琪嘉

注册工作组

组长：贾晓明

副组长：王建平、孟馥

成员：杜亚松、官锐园、李晓驷、林芳、刘兴华、孟莉、陶新华、张岚、张黎黎、张天布、祝卓宏

伦理工作组

组长：桑志芹

副组长：钱铭怡、安芹

成员：方新、高隽、韩布新、李焰、刘军、马向真、瞿伟、田成华、张海

音、朱婉儿

监事组

组长：樊富珉

副组长：杨蕴萍、陈向一

成员：陶勑恒、肖旭、谢钢、张宁

秘书处

秘书长：徐凯文

副秘书长：卢贺

秘书组：陶宇虹、岳宗璞、喻聪、关雪杨、常蕾

标准制定工作组秘书：王铭

伦理工作组秘书：陈昌凯、杨寅

具体工作小组

(1) 个人注册工作小组。

组长：贾晓明

副组长：安芹

组员：施琪嘉、陶新华、张海音、张黎黎、赵旭东、朱婉儿

秘书：卢贺

(2) 实习机构注册工作小组。

组长：桑志芹

副组长：李焰、官锐园

组员：杜亚松、刘军、马向真、田成华

秘书：喻聪

(3) 继续教育项目工作小组。

组长：王建平

副组长：祝卓宏

组员：方新、李晓驷、瞿伟、张岚、张天布

秘书：陶宇虹

(4) 学历教育标准工作小组。

组长：钱铭怡

副组长：江光荣

组员：侯志瑾、刘兴华、徐凯文、钟杰

秘书：王铭

(5) 对外联络宣传工作小组。

组长：孟馥

副组长：孟莉

组员：高隽、韩布新、林芳

秘书：喻聪

(6) 督导项目工作小组。

组长：钱铭怡

副组长：贾晓明、陈向一

秘书：岳宗璞

§3 现任委员履职承诺书

现任委员在履职时均签署了以下履职承诺书。

作为中国心理学会临床心理学工作委员会第四届委员，本人郑重承诺：
1. 遵守《中国心理学会章程》。
2. 遵守中国心理学会临床心理学注册工作委员会的各项工作条例。
3. 在任期内承担委员应尽的责任,尽职完成工作委员会以及所在工作组交付的各项工作任务。
4. 在公开媒介发表言论、表现行为应与中国心理学会临床心理学工作委员会委员的身份相符。
5. 以身作则，遵守《中国心理学会临床与咨询心理学工作伦理守则》。
如违反承诺，本人愿承担相应责任。

承诺人：
日　　期：

§4 注册工作委员会组织管理细则

中国心理学会临床心理学注册工作委员会组织管理细则

(自 2018 年 6 月 1 日制定之日起执行)

《中国心理学会临床心理学注册工作委员会组织管理细则》(以下简称"本细则")是中国心理学会临床心理学注册工作委员会标准制定工作组依据《中国心理学会临床与咨询心理学专业机构和专业人员注册标准(第二版)》所制定的组织管理规则，目的是建立并健全中国心理学会临床心理学注册工作委员会所领导的中国心理学会临床与咨询心理学专业机构和专业人员注册系统(以下简称"注册系统")的组织管理机制，落实注册系统的组织原则、奠定注册系统发展的制度基础。

1. 注册会员大会

凡自愿接受本细则规定和伦理守则约束，并有效注册为"中国心理学会临床与咨询心理学专业人员"者，即为中国心理学会临床心理学注册工作委员会领导的中国心理学会临床与咨询心理学专业机构和专业人员注册系统会员，依照本细则享有注册会员有关权利并承担相应义务。

1.1 注册会员大会的议事内容包括：(1)对《中国心理学会临床与咨询心理学专业机构和专业人员注册标准》(以下简称《注册标准》)、《中国心理学会临床与咨询心理学工作伦理守则》(以下简称《伦理守则》)提出变更和修改意见；(2)审查中国心理学会临床心理学注册工作委员会的工作报告和经费预、决算；(3)选举或变更中国心理学会临床心理学注册工作委员会委员；(4)改变或者撤销中国心理学会临床心理学注册工作委员会或秘书组做出的与注册会员大会决定相抵触的决议；(5)决议注册会员大会有关的其他重大事项。固定注册会员大会每两年召开一次。

1.2 临时注册会员大会可在以下情况下召开：(1)由中国心理学会临床心理学注册工作委员会半数或半数以上委员联名发起；或(2)由占有效注册的总注册

会员人数 20%以上的注册会员发起；或(3)由监事组半数以上监事联名发起。临时注册会员大会仅能对 1.1 中的(3)(4)项内容进行表决。

1.3 超过有效注册的总会员人数一半及一半以上参会(含网络参会)的注册会员大会属于有效的注册会员大会。注册会员大会所决议内容的通过须占总参会人数一半以上注册会员同意(含网络投票)；国家法律、法规和中国心理学会规章另有规定的，从其规定。

2. 中国心理学会临床心理学注册工作委员会(以下简称"注册工作委员会")

2.1 委员的产生：注册会员大会依照《注册标准》和选举细则首先选举产生委员共 31～37 名(须为单数)。

2.2 主任、副主任委员：由上一届注册工作委员会主任委员和副主任委员主持，在新一届当选的委员中依照中国心理学会的相关规定选举或协商确定新一届注册工作委员会的主任委员 1 名、副主任委员 2～4 名。

2.3 生效：新一届注册工作委员会委员名单须提交中国心理学会常务理事会审核通过后正式生效。

2.4 职责：依照国家法律、法规和《中国心理学会章程》以及《注册标准》制定有关制度、管理条例或程序细则；依照《注册标准》产生标准制定工作组、注册工作组和伦理工作组不同分工的委员；执行会员大会决议。主任委员(副主任委员)职责包括：发起注册工作委员会会议、提交注册工作委员会会议讨论的提案、制定和执行注册工作委员会年度工作报告以及其他注册工作委员会授权的工作。

3. 标准制定工作组

3.1 产生：标准制定工作组委员 5 或 7 名，由注册工作委员会主任委员和副主任委员依照《注册标准》在新一届当选的注册工作委员会委员中选择和协调产生(包括组长 1 名、副组长 1 名)，每届任期 4 年。标准制定工作组委员不得同时担任注册工作组委员、伦理工作组委员、秘书长(副秘书长)和监事组成员。

3.2 职责：依法和依照民主决议程序制定《注册标准》《伦理守则》以及有关管理条例和相应的修改方案并提交给会员大会；起草与《注册标准》和《伦

理守则》执行有关的执行规则、管理或实施细则并提交给注册工作委员会审议。标准制定工作组组长和副组长的职责包括：发起标准制定工作组会议、提交标准制定工作组会议讨论提案、制定和执行标准制定工作组年度工作报告以及其他标准制定工作组授权的工作。

4. 注册工作组

4.1 产生：注册工作组委员13名或15名，由注册工作委员会主任委员和副主任委员依照《注册标准》在新一届当选委员中选择和协调产生(包括注册工作组组长1名和副组长2名，其中组长由注册工作委员会主任委员担任)，每届任期4年；注册工作组组长和副组长组成3人注册工作组常务委员会。注册工作组委员不得连续担任2届以上，不得兼任标准制定工作组委员、伦理工作组委员、秘书长(副秘书长)或监事组成员；特殊情况如需要留任，须由注册工作委员会常务工作组提议、伦理工作组审核、监事组核准后方可留任。

4.2 职责：依照《注册标准》《伦理守则》和其他与《注册标准》《伦理守则》有关的已经生效的管理或执行细则对个人和机构及继续教育项目的注册申请进行审核，批准认可后可授予相关注册许可和证明，并在注册工作委员会官方网站发布；负责根据《注册标准》《伦理守则》及其生效的有关执行细则对经伦理工作组认定的违反专业伦理守则的案例实施相应处理或处罚。注册工作组常务委员会议的职责包括：发起注册工作组会议、提交注册工作组会议讨论提案、撰写和执行注册工作组年度工作报告以及其他注册工作组授权的工作。

5. 伦理工作组

5.1 产生：伦理工作组委员13名或15名；由注册工作委员会主任委员和副主任委员依照《注册标准》、在新一届当选委员中选择和协调产生(包括组长1名、副组长2名)；伦理工作组委员中保留2~3个名额由注册工作委员会主任委员和副主任委员在非注册成员中选择和协调产生；伦理工作组委员每届任期4年；伦理工作组组长和副组长组成3人伦理工作组常务委员会。伦理工作组委员不得连续担任2届以上，不得兼任标准制定工作组委员、注册工作组委员、秘书长(副秘书长)或监事组成员，特殊情况如需要留任，须由注册工作委员会常务工作组提议、伦理工作组审核、监事组核准后方可留任。

5.2 职责：依照本管理细则的授权和《伦理守则》对申请加入或已经有效注册的专业人员和机构进行专业伦理审核和伦理监控；为有效注册的专业人员或机构、社会各界提供伦理守则有关的培训、咨询和建议；接受并负责调查伦理问题的投诉及申诉，对正式处罚的案件将调查结果和处理建议以书面形式提交注册工作委员会。伦理工作组常务委员会议的职责包括：发起伦理工作组会议、提交伦理工作会议讨论提案、发起成立对特定伦理投诉和伦理申诉案例的工作小组、撰写和执行伦理工作组年度工作报告以及其他伦理工作组授权的工作。

6. 常务工作组

6.1 产生：由标准制定工作组、注册工作组、伦理工作组的组长与副组长，注册工作委员会秘书长以及中国心理学会代表1人共同组成注册工作委员会的常务工作组。

6.2 职责：发起注册工作委员会会议；提交注册工作委员会会议讨论提案；撰写和执行注册工作委员会年度工作报告；批准成立新的工作小组；执行会员大会通过的预算项目、批准不超过10万元/年的预算外支出；批准20万元内的各类合同或项目(超过20万元的各类合同或项目由注册工作委员会全体委员会议决定)；依法、依规指导秘书组的日常工作以及其他注册工作委员会授权的工作。

7. 监事组

7.1 产生：上一届注册工作委员会中的委员不再担任下一届任何一个工作组委员者或提出申请的上一届监事组成员，经注册工作委员会主任委员和副主任委员在自愿参与监事组工作的人员中选择、协调产生新一届监事组成员。监事组成员名额不限，但监事组成员应为单数，且不少于5人(包括组长1名、副组长2名)。当监事组名额不足5人时，缺额由注册工作委员会常务工作组依照本细则在有效注册的督导师中任命产生。监事组成员每届任期4年，监事组成员不得兼任标准制定工作组委员、注册工作组委员、伦理工作组委员以及秘书长(副秘书长)的职务；常务监事组由监事组组长和副组长3人组成，负责召集监事组会议并执行监事组会议决议。

7.2 职责：负责监督注册工作委员会各工作组、秘书组的工作是否符合《注册标准》及《伦理守则》相关规定，对以上工作组、秘书组的违法、违规行为及其制定的行政措施、政策享有质疑权、驳回权和否决权。当监事组与标准制定工作组、注册工作组或伦理工作组意见不一致并不可调和时，可由矛盾双方(或多方)提交固定或临时会员大会表决(表决过程须遵守《注册标准》和注册系统选举细则的规定)。

8. 秘书组

注册工作委员会常务工作组下设秘书组，接受注册工作委员会主任、副主任委员及常务工作组领导。秘书组负责执行注册工作委员会的决策，处理日常行政、财务事务。秘书长须由注册工作委员会在当届委员会当选委员中聘任，秘书长不得同时担任标准制定工作组委员、注册工作组委员、伦理工作组委员和监事组成员。注册工作委员会聘用1～3名副秘书长(全职或兼职)。秘书组的职责和工作范围由注册工作委员会负责制定，并接受注册工作委员会委员及监事组的监督；秘书组可根据工作需要，在获得注册工作委员会常务工作组的批准后，聘用全职或兼职秘书以及财务、出纳人员。秘书组须负责实施符合本细则规定发起的会员大会(含临时会员大会)的组织工作。

9. 注册工作委员会委员、各工作组委员、监事组成员、秘书长及秘书组工作人员须遵守注册工作委员会制定并实施的相关工作制度、工作纪律。在对外介绍自己的相关身份时，须合理宣传，避免任何形式的过度宣传，尤其应注意注明所宣传身份的时限。

3

注册登记相关文件

§1 注 册 标 准

中国心理学会
临床与咨询心理学专业机构和专业人员注册标准(第一版)[*]
(起止时间为 2007 年至 2018 年 7 月 1 日)

1. 注册原则和政策

1.01 《中国心理学会临床与咨询心理学专业机构和专业人员注册标准》(以下简称"本标准")是中国心理学会根据中华人民共和国民政部《社会团体登记管理条例》和其他国家相关法律、法规,授权中国心理学会临床与咨询心理学专业机构和专业人员注册系统标准制定工作组(以下简称"制定工作组")在广泛征集有关专业人士的意见后制定的临床心理学与咨询心理学专业资格注册标准。

1.02 本标准中关于临床心理学与咨询心理学专业机构和专业人员的定义如下:

临床心理学与咨询心理学专业机构:指隶属于各级各类政府机构、学校、医疗机构、企事业单位和私人诊所并以心理咨询或心理治疗专业服务和/或专业人员培训、培养为核心工作的机构。

心理师(clinical and counseling psychologist):指系统学习过临床或咨询心理学的专业知识、接受过系统的心理治疗与咨询专业技能培训和实践督导,正在

---

[*] 转引自:中国心理学会. 中国心理学会临床与咨询心理学专业机构和专业人员注册标准(第一版). 心理学报, 2007, 39(5): 942-946.

从事心理咨询和心理治疗工作，且达到本标准关于心理师的有关注册条件要求，并在中国心理学会有效注册，这些专业人员在本标准中统称为心理师。心理师包括临床心理师(clinical psychologist)和咨询心理师(counseling psychologist)。在本标准中，对临床心理师或咨询心理师的界定依赖于申请者所接受的学位培养方案中的名称界定。

督导师(supervisor)：指正在从事临床与咨询心理学相关教学、培训、督导等心理师培养工作，且达到本标准关于督导师的有关注册条件要求，并在中国心理学会有效注册的资深心理师。

1.03 制定本标准的目的在于进一步完善心理咨询和心理治疗专业的管理体制、规范心理咨询和心理治疗专业人员的职业行为、促进培养合格的心理咨询和心理治疗专业人员，促进心理咨询和心理治疗专业机构的健康发展，以满足社会对心理咨询与治疗专业服务的需求，与国家社会的和谐发展状况相适应；同时，也为了加强国内外心理咨询和心理治疗专业机构之间的合作、推动心理咨询和心理治疗专业人员之间的交流，保障心理师及其服务对象的合法权益。

1.04 非营利性原则：本标准是一个非营利性质的专业资格注册体系。

1.05 质量控制原则：本标准是一个针对中国心理咨询与心理治疗的专业培养方案、机构、培训项目和专业人员的质量控制体系。

1.06 非强制性原则：达到本标准的个人和机构可以自愿提出注册申请。

1.07 制定工作组由中国心理学会临床与咨询心理学专业委员会提名，中国心理学会常务理事会审核批准，每届任期2年。

1.08 制定工作组任命11位专家组成第一届"中国心理学会临床与咨询心理学专业机构和专业人员注册工作组"（以下简称"注册工作组"），任期2年；两年后注册工作组增选10人与第一届的11位成员组成第二届注册工作组，增选的10人由有效注册的督导师选举产生。从第二届注册工作组开始，每届任期4年；从第三届注册工作组开始，注册工作组成员由有效注册的督导师选举产生。注册工作组成员不得连续担任2届以上。注册工作组对个人和机构的注册申请进行审核，批准认可后可授予相关注册标志和证明，并在指定网站上发布，未经注册工作组批准认可的单位和个人不得使用相关注册名称和标志。

1.09 制定工作组任命 9 位专家组成第一届"临床与咨询心理学专业伦理工作组"(以下简称"伦理工作组"),任期 2 年;两年后伦理工作组增选 10 人与第一届中的 9 位成员组成第二届伦理工作组,增选的 10 人由有效注册的督导师选举产生。从第二届伦理工作组开始,每届任期 4 年;从第三届注册工作组开始,伦理工作组成员由有效注册的督导师选举产生。伦理工作组成员不得连续担任 2 届以上。从第三届注册工作组开始,伦理工作组成员不能同时担任注册工作组成员,注册工作组成员也不能同时担任伦理工作组成员。伦理工作组的职责是依照《中国心理学会临床与咨询心理学工作伦理守则》,负责对本体系内的专业人员和机构进行专业伦理的审核和监控,并为专业人员提供伦理问题的培训和相关问题的咨询和建议,接受伦理问题的申诉,并负责处理违反专业伦理守则的案例。

1.10 本标准包括:(1)临床与咨询心理学专业硕士培养方案注册标准。(2)临床与咨询心理学专业博士培养方案注册标准。(3)临床与咨询心理学实习机构注册标准。(4)心理师注册标准。(5)临床与咨询心理学专业督导师注册标准。(6)继续教育项目的注册标准。(7)与本标准有关的名词定义。

1.11 注册有效期:注册专业机构有效期为 4 年。专业人员注册有效期为 3 年。培训项目的注册有效期将根据培训项目的性质由注册工作组具体认定。

1.12 本标准执行起始时间为 2007 年 7 月 1 日,在此之前的有关专业机构和专业人员的注册由注册工作组进行个别注册。

1.13 本标准有关条文的解释权归制定工作组。

1.14 本标准由制定工作组或注册工作组委员提议,经制定工作组民主决议程序通过后方可修改。

1.15 本标准经制定工作组审核通过,上报中国心理学会常务理事会批准后执行。

2. 临床与咨询心理学专业硕士培养方案注册标准

临床心理学或咨询心理学硕士培养方案若要得到本标准注册,须符合 2.01~2.09 的标准。

2.01 培养方案所在机构或单位须具备中华人民共和国国务院学位委员会

认可的硕士培养资格。

2.02 无论硕士培养方案所在机构或单位的行政主管部门隶属何处，该培养方案必须明确地被认定为是一个临床心理学或咨询心理学的硕士培养方案。

2.03 硕士培养方案必须有明确的培养手册以表明其培养目标、硕士候选人的准入标准和程序、培养过程、培养结果的质量控制等事项。培养方案必须有一个整体协调的、有组织的培训流程。

2.04 培养方案必须对要求进入该计划的学生候选人有明确界定的准入标准，其进入该培养方案的目的是为了获得临床心理学或咨询心理学的硕士学位。如果学生候选人是非心理学或医学本科学历背景，培养方案须在其进入培养方案前或后，设置必要的专业补习课程，以帮助其具备与心理学或医学本科毕业生相等的知识结构。培养方案的准入程序除了考查学生候选人的专业知识和能力以外，还须通过有效的方式(如面谈)以考察其是否具备临床或咨询心理学专业所要求的人格特征和基本专业素质。

2.05 硕士培养方案必须有一个能够承担相应的教学和培养责任的临床或咨询心理学教学团队，该教学团队的教员中有不少于 2 人达到本标准中关于心理师的注册规定并有效注册。

2.06 培养方案中的课程应包括以下方面(a 类～g 类)的基础心理学课程，且每类课程的学习不少于 2 个学分(一般 1 个学分等于 15 个学时的学习)：

a. 科学和职业的道德伦理标准；

b. 心理测量理论与技术；

c. 行为的生物基础(与生理或生物心理学、神经心理学、心理药理学有关的课程)；

d. 行为的认知－情感基础(与学习、知觉与注意、思维、动机和情绪有关的课程)；

e. 行为的社会基础(与社会心理学、群体过程等有关的课程)；

f. 人格与发展(与人格理论、发展心理学有关的课程)；

g. 心理病理学或精神病学相关课程。

2.07 培养方案须包括针对临床或咨询心理学领域的课程要求，主要包括：

心理咨询与治疗的基本理论与实务、心理咨询与治疗流派的理论与实务、心理评估和诊断的理论与实务、与临床心理学或咨询心理学实践相关的现场或模拟现场(实验室)培训、实践练习，心理师的个人和专业发展等，硕士培养方案中的这些课程学分应不少于10个学分。

2.08　培养方案须包括针对临床或咨询心理学领域的实习阶段，实习须在本标准内有效注册的实习机构中进行。并在有效注册的督导师督导下从事临床心理治疗或咨询的时间应不少于100小时。规律的、正式的、个体和/或集体案例督导小时数不少于100小时。

2.09　培养方案须有明确的毕业标准，硕士候选人须在毕业前提供有关文件(如：理论指导下的案例系统治疗报告、临床与咨询心理学领域的论文等)证明其具备培养方案所规定的临床实践能力。

3. 临床与咨询心理学专业博士培养方案注册标准

临床心理学或咨询心理学博士培养方案若要得到本标准注册，须符合3.01～3.09的标准。

3.01　博士培养方案所在机构或单位须具备中华人民共和国国务院学位委员会认可的博士培养资格。

3.02　无论博士培养方案所在机构或单位的行政主管部门隶属何处，该培养方案必须明确地被认定为是一个临床心理学或咨询心理学的博士培养方案。

3.03　博士培养方案必须有明确的培养手册以表明其培养目的(即教育和培养职业的心理师)、博士候选人的准入标准、培养过程、培养结果的质量控制等事项。博士培养方案必须有一个整体协调的、有组织的学习顺序。

3.04　博士培养方案必须有一个能够承担相应的教学和培养责任的临床或咨询心理学教学团队，该团队满足如下条件：(1)该教学团队的教员中有不少于2人达到本标准中关于心理师的注册规定并有效注册；(2)该培养方案的负责人须达到本标准中关于督导师的注册规定并有效注册。

3.05　博士培养方案必须对要求进入该方案的学生候选人有明确界定的准入标准和程序，其进入该培养方案的目的是为了获得临床心理学或咨询心理学的博士学位。3年制的博士培养方案须对要求进入其培养方案的博士候选人有明确界定的准入标准，特别是对其硕士培养期间的专业知识、技能和临床实践要有明确的要求，且该要求至少满足本标准中硕士培养方案注册标准 2.01～2.09 的有关要求。如果博士候选人在进入博士培养方案前未达到本标准中硕士培养方案注册标准 2.06～2.09 的有关要求，博士培养方案中须在其进入培养方案前或后，设置必要的专业补习课程，以帮助其具备本标准中硕士培养方案注册标准 2.06～2.09 的有关要求相等的知识结构和临床技能。培养方案的准入程序除了考察博士候选人的专业知识和能力以外，还须通过有效的方式(如面谈)以考察其是否具备临床和咨询心理学所要求的人格特征及本标准中硕士培养方案的有关要求。

3.06 博士培养方案的课程须包括针对临床或咨询心理学领域的高级课程，必须包括下列类别的课程：

  a. 临床与咨询心理学专业伦理类的课程；

  b. 心理诊断、心理评估类的课程；

  c. 研究设计与方法学课程；

  d. 高级统计课程；

  e. 至少在某两个具体的心理治疗领域设置高级课程，如：心理分析治疗、认知行为治疗、人本主义心理治疗、家庭心理治疗、儿童心理治疗、团体心理治疗等。

3.07 博士培养方案还应该包含针对临床或咨询心理学领域的实习阶段，其中在有效注册的督导师督导下从事临床心理治疗或咨询的时间应不少于 150 小时。规律的、正式的、面对面的实习生案例督导时间不少于 50 小时，集体案例督导小时数不少于 50 小时，或二者累计不少于 100 小时。

3.08 培养方案须有明确的毕业标准，博士候选人须在毕业前提供有关文件(如：理论指导下的案例系统治疗报告、临床与咨询心理学领域的科研论文等)证明其具备培养方案所规定的临床实践能力和从事临床与咨询心理学研究的能力。

3.09 五年制(或硕博连读)的博士培养方案除 3.01～3.08 要求外，还应包括

2.01~2.09 的相关要求。

4. 临床与咨询心理学实习机构注册标准

临床与咨询心理学实习机构若要得到本标准注册,须符合 4.01~4.10 的标准。

4.01 实习机构须能够提供一系列直接的针对寻求专业服务者的专业服务,包括心理评估、心理治疗或咨询。

4.02 实习机构应具有书面的声明或者手册,具体描述实习的目标和内容,明确提出对实习学生工作的数量和质量方面的期望和要求。

4.03 硕士培养方案中的实习机构的执业人员中至少有 2 人达到本标准中关于心理师的注册规定并有效注册,其中至少有 1 人达到本标准中关于督导师的注册规定并有效注册。已获注册人员具有明确的分工,负责整个实习培训流程的完整性和质量。

4.04 博士培养方案中的实习机构的执业人员中至少有 2 人达到本标准中关于督导师的注册规定并有效注册,其中至少 1 人在该机构担任全职工作。已获注册人员具有明确的分工,负责整个实习培训流程的完整性和质量。

4.05 实习机构须是(或从属于)一个固定的单位或机构,该机构须提供实习学生一个有计划的、设置好顺序的实习培训计划,其重点和主要目的在于确保实习培训的质量。

4.06 在实习机构中,实习者的督导工作由全职督导师或者附属于该机构且对督导案例负有责任的兼职督导师提供。

4.07 实习学生在实习期间,无论实习期的长短,至少有占总实习时间 40%的时间与寻求专业服务者有直接接触(即在督导下从事临床心理治疗或咨询)。

4.08 实习学生在从事临床心理治疗或咨询的实习期间,无论实习期的长短,实习机构的督导应每周至少提供实习学生 1 个小时规律的、正式的个体督导,其目的是处理该实习学生在实习期间进行心理治疗或咨询服务过程中与案例和临床技能有关的问题。实习机构每周至少还应有 2 个小时的额外时间用于如下的学习活动:案例讨论、临床相关问题的专题讨论、小组督导、额外的个体督导,这些活动均应属于实习学生的实习培训流程的一部分。

4.09 在同一个时期,至少有 2 名实习学生正在该实习机构实习。

4.10 实习学生须有明确的头衔，比如实习生、实习心理咨询师、实习治疗师或临床心理学进修医师等，并且该头衔可以被实习学生所直接接触的寻求专业服务者获知。

5. 心理师注册标准

心理师若要得到本标准注册，须符合下列 5.01~5.05 的标准：

5.01 专业伦理：遵守中国心理学会临床与咨询心理学专业机构和专业人员注册系统标准制定工作组颁布的《中国心理学会临床与咨询心理学工作伦理守则》，且无违法记录。

5.02 具有临床或咨询心理学专业博士学位者，其获得学位所在的临床或咨询心理学专业博士培养方案符合 3.01~3.09 所规定的标准并有效注册，经过 2 名有效注册的心理师推荐，具备申请心理师注册资格。

5.03 具有临床或咨询心理学专业硕士学位者，其获得学位所在的临床或咨询心理学专业硕士培养方案符合 2.01~2.09 所规定的标准并有效注册，经过 2 名有效注册的心理师推荐，并在满足 5.03.01 和 5.03.02 条款后，具备申请心理师注册资格。

5.03.01 在获得其硕士学位后 2 年内，在有效注册的督导师督导下与寻求专业服务者直接接触的实践时间不少于 150 小时，并提供有关证明。

5.03.02 接受有效注册的督导师的规律的、正式的、面对面的案例督导时间不少于 50 小时、集体案例督导小时数不少于 50 小时，或二者累计不少于 100 小时，并提供有关证明。

5.04 在中国境内获得非本标准认可的心理学、医学、教育学等专业学位者，若要向注册工作组申请心理师注册资格，须提供必要文件(包括 2 名有效注册的心理师推荐信、学位证书复印件、实习督导证明)，同时须满足 5.04.01~5.04.03 的要求。

5.04.01 其接受的专业硕士培养课程达到 2.06 和 2.07 条款规定的标准。或硕士毕业后接受了相当于 2.06 和 2.07 条款规定标准的全部课程的培训。

5.04.02 在有效注册的督导师督导下与寻求专业服务者直接接触的临床实

践时间不少于 250 小时(包括研究生在读期间的相关小时数),并提供有关证明。

5.04.03　接受有效注册的督导师的(个体和集体)案例督导累计不少于 200 小时(包括研究生在读期间的相关小时数),并提供有关证明。

5.05　在中国境外获得临床或咨询心理学专业博士或硕士学位者,须提供有关其受训的专业培养方案(包括课程设置,实习流程等)和接受该培养方案培训的证明文件(学位证书复印件、实习督导证明、督导推荐信、2 名有效注册的心理师推荐信等),可向注册工作组提交注册申请,其申请由注册工作组参照 2.01～3.09 和 5.04 有关条款标准进行审定。

5.06　在 1995 年以前获得教育部认可大学的心理学、医学或教育学等相关学科学士学位者,其连续从事心理咨询或治疗实践工作在 10 年以上或累计从事个体/集体心理咨询/治疗 3000 小时以上,且其资质不完全符合 5.02～5.04 条款要求的人员,若要申请注册为心理师,须提供必要文件(学位证书复印件、从事心理治疗或心理咨询工作时间的证明、2 名有效注册的督导师推荐信、一份连续治疗或咨询 8 次以上的案例报告、专业伦理遵守声明等)后向注册工作组提交注册申请,其申请由注册工作组进行个别评估,但申请者须得到注册工作组 2/3 以上成员投票通过并经过伦理工作组审核后,方可注册为心理师。

5.07　继续教育:已获得注册的心理师在注册期满后重新申请注册时,须提供每年不少于 20 学时的继续教育或培训的合格证明,且这些继续教育或培训项目均达到本标准 7.01～7.04 条款的要求并有效注册。

6. 督导师注册标准

督导师若要得到本标准注册,须符合 6.01～6.06 的标准:

6.01　申请者须是有效注册的心理师,并由 2 名有效注册的督导师推荐。

6.02　职业伦理:遵守制定工作组发布的《中国心理学会临床与咨询心理学工作伦理守则》中规定的专业伦理规范,且无违法记录。

6.03　临床经验:在获得本标准的临床心理师注册资格后,从事临床心理治疗或咨询实践小时数累计不少于 800 小时,并提供有关证明。

6.04　督导经验:从事督导实习时间不少于 80 小时,且督导实习工作被在本标准有效注册的督导师训练或督导的时间不少于 80 小时,并提供有关证明。

6.05 在提出督导师资格注册申请前 5 年内，曾全程参加过以培养督导师为目标的继续教育或再培训项目和临床心理专业伦理培训项目(这些项目均达到本标准 7.01~7.04 条款的要求并有效注册)，并提供有关的培训合格证明。

6.06 在提出督导师资格注册申请前，曾参加被本标准认可的高级专业继续教育或再培训项目(与 6.05 所规定的培训内容不重复)累计不少于 200 小时，并提供有关的培训合格证明。

6.07 不完全符合 6.03~6.06 标准的督导师申请者须得到注册工作组 2/3 以上成员投票通过并经过伦理工作组审核后，方可注册为本标准督导师。

7. 继续教育或再培训项目的注册标准

继续教育或再培训项目若要得到本标准注册，须符合 7.01~7.04 的标准：

7.01 继续教育或再培训项目主要师资人员须是在本标准下有效注册的督导师，或是被注册工作组认可的其他国内外团体和机构的专业培训人员。

7.02 继续教育或再培训项目应有明确的培训大纲、教材和教学方式，明确界定培训目的、培训师的背景与资质、受训者的准入标准等事项，其培训目的是为了使接受培训者获得专业知识、专业技能或个人体验。

7.03 培训大纲应包含一个规范的、有计划的、设置好顺序的培训计划或流程并清楚标明了该项目的培训小时数，其重点和主要目的为确保培训的质量。

7.04 申请注册的继续教育或再培训项目负责人应提供有关其培训质量保证的详细说明、培训师简历、完整的培训大纲和顺利完成培训大纲的必要条件等文件。

附：与本标准有关的名词定义

除 1.02 的相关定义外，与本标准有关的其他名词定义如下：

临床心理学(clinical psychology)：是心理学的分支学科之一，它既提供心理学知识，也运用这些知识去理解和促进个体或群体的心理健康、身体健康和社会适应。临床心理学更注重对个体和群体心理问题的研究，以及严重心理障碍的治疗。

咨询心理学(counseling psychology)：是心理学的分支学科之一，它运用心理学的知识去理解和促进个体或群体的心理健康、身体健康和社会适应。咨询心理学更关注个体日常生活中的一般性问题，以增进个体良好的适应和应对。

心理咨询(counseling)：指在良好的咨询关系基础上，由经过专业训练的心理师运用咨询心理学的有关理论和技术，对有一般心理问题的求助者进行帮助的过程，以消除或缓解求助者的心理问题，促进其个体的良好适应和协调发展。

心理治疗(psychotherapy)：指在良好的治疗关系基础上，由经过专业训练的临床心理师运用临床心理学的有关理论和技术，对心理障碍患者进行帮助的过程，以消除或缓解患者的心理障碍或问题，促进其人格向健康、协调的方向发展。

临床或咨询心理学硕士或博士培养方案(training programs for master or doctor degree in clinical or counseling psychology)：指在高校心理学或相关专业的研究或培训机构中设置的临床心理学或咨询心理学硕士或博士学位培养系统，其目的是为了培养临床或咨询心理学专业硕士或博士。通常一个培养方案应包括一个稳定的、分工明确的师资团队和一个完整而可实施的培养流程及培训手册。

实习机构(organization for internship)：在本标准中指为培训心理咨询和心理治疗专业人员，能够提供心理咨询与心理治疗临床实习场地，并为实习人员提供实习机会和实习督导的专业机构。通常一个培养方案应包括一个稳定的、分工明确的实习督导团队和一个完整而可实施的书面实习计划。

继续教育或再培训项目(continuing education program)：在本标准中指为从事临床或咨询心理学工作的专业人员提供的非学位培养的再教育和培训课程，其目的是为有关专业人员提供再教育和更新有关专业知识、培训新的专业技能的机会。通常一个继续教育或再培训项目包括培训师资、各种形式的教材、有顺序的培训计划、必要的培训硬件(场地、设施、专业设备等)和相关配套服务等要素。

寻求专业服务者：即来访者(client)或心理障碍患者(patient)，或其他需要心理咨询或心理治疗专业服务的求助者。

中国心理学会
临床与咨询心理学专业机构和专业人员注册标准(第二版)[*]

(自 2018 年 7 月 1 日起执行)

1. 注册原则和政策

1.1 《中国心理学会临床与咨询心理学专业机构和专业人员注册标准(第二版)》(以下简称《标准》)和《中国心理学会临床与咨询心理学工作伦理守则(第二版)》(以下简称《伦理守则》)由中国心理学会授权临床心理学注册工作委员会(以下简称"注册工作委员会)在《中国心理学会临床与咨询心理学专业机构和专业人员注册标准(第一版)》(中国心理学会,2007a)和《中国心理学会临床与咨询心理学工作伦理守则(第一版)》(中国心理学会,2007b)基础上修订。

1.2 《标准》中临床心理学与咨询心理学专业机构(professional organization in clinical or counseling psychology)指以心理咨询和/或心理治疗专业服务为核心工作、达到本《标准》要求并在中国心理学会有效注册登记的机构。这些机构可以是隶属于各级各类政府机构、学校、医疗机构、企事业单位的非独立法人机构,也可以是合法成立、具有独立法人资格的公司、非营利机构、私人专业机构。

《标准》中助理心理师(assistant psychological counselor)指掌握临床或咨询心理学专业基础知识、接受过基本的心理治疗与咨询专业技能培训和实践督导,正在从事心理咨询或心理治疗工作,且达到本《标准》的助理心理师注册条件,并在中国心理学会有效注册登记者,包括助理临床心理师和助理咨询心理师。

《标准》中心理师(clinical or counseling psychologist)指掌握临床或咨询心理学的专业知识、接受过系统的心理治疗与咨询专业技能培训和实践督导,正在从事心理咨询或心理治疗工作,且达到本《标准》的心理师注册条件,并在中国心理学会有效注册登记者,包括临床心理师(clinical psychologist)和咨询心理师(counseling psychologist)。

《标准》中督导师(supervisor)指从事临床与咨询心理学相关教学、培训、督

---

[*] 转引自:中国心理学会. 中国心理学会临床与咨询心理学专业机构和专业人员注册标准(第二版). 心理学报, 2018, 50(11): 1303-1313.

导等心理师培养工作,且达到本《标准》的督导师注册条件,并在中国心理学会有效注册登记的资深心理师。

本《标准》界定的助理心理师、心理师和督导师均属于"临床与咨询心理学专业人员"(professional in clinical or counseling psychology)。

本《标准》对临床心理学或咨询心理学专业人员的具体界定依赖于申请者所接受的学位培养方案名称和性质;无此依据时,由注册工作委员会下设的注册工作组依据相关注册细则界定。原则上,"临床心理师"侧重于心理评估,并对有各类心理疾病诊断的寻求专业服务者提供心理治疗服务;"咨询心理师"侧重于对有一般心理(包括发展性)问题的寻求专业服务者提供心理咨询服务。

1.3 目的:制定和修订本《标准》旨在进一步完善心理咨询和心理治疗专业的管理体制,规范临床与咨询心理学专业人员的从业行为,培养具备专业胜任力的临床与咨询心理学专业人员,促进临床与咨询心理学专业机构健康发展,满足社会对临床与咨询心理学专业服务的需求,促进国家、社会的和谐发展;同时,加强国内外临床与咨询心理学专业机构之间的合作、推动临床与咨询心理学专业人员的交流,保障临床与咨询心理学专业人员、专业机构及其服务对象的合法权益。

1.4 注册原则:(1)非营利性原则;(2)质量控制原则;(3)非强制性原则;(4)诚信原则。

1.5 注册管理:(1)注册工作委员会依据本《标准》,接受临床与咨询心理学专业机构与专业人员的注册登记申请并实施审核、注册登记流程;(2)注册登记管理系统:注册工作委员会委员由注册会员选举产生;注册工作委员会下设标准制定工作组、注册工作组、伦理工作组、监事组等;(3)注册会员大会、标准制定工作组、注册工作组、伦理工作组、监事组的组织构架和管理机制由注册工作委员会制定。

1.6 本《标准》包括:(1)临床与咨询心理学专业本科培养方案注册登记标准;(2)临床与咨询心理学专业硕士培养方案注册登记标准;(3)临床与咨询心理学专业博士培养方案注册登记标准;(4)临床与咨询心理学实习机构注册登记标准;(5)助理心理师注册登记标准;(6)心理师注册登记标准;(7)督导师注册登记

标准；(8)继续教育项目注册登记标准；(9)与《标准》有关的名词定义。

1.7 注册有效期：专业机构与培养方案的注册有效期为 4～8 年。专业人员注册有效期为 3 年。连续以相同专业称谓或名义有效注册 3 个注册期者第 4 次注册时效最长可为 6 年。继续教育或培训项目的注册有效期将根据培训项目的性质由注册工作组具体认定。机构与个人的重新注册登记办法由标准制定工作组根据本《标准》具体制定。

1.8 《标准》及《伦理守则》的修改：经注册工作委员会广泛征求全体注册成员的意见，并经注册工作委员会委员表决通过后报中国心理学会常务理事会审核通过，方可生效。其他执行本《标准》的管理或实施细则，由注册工作委员会标准制定工作组制定，通过伦理工作组的伦理审核、监事组的制度一致性审核后生效。

1.9 注册工作委员会授予注册个人、机构和培训项目统一、明确、规范的称谓、标志，注册者须在临床实践和相关工作中通过必要途径让寻求专业服务者、学员有效获知并理解这些称谓和标志的意义。未经注册工作组批准认可的机构和个人不得使用相关注册名称和标志。

1.10 本《标准》以及《伦理守则》条文内容的解释权归中国心理学会临床心理学注册工作委员会。

1.11 《标准(第二版)》于 2018 年 7 月 1 日起执行，此前专业机构和人员的注册登记工作由注册工作委员会依照《标准(第一版)》进行。

2. 临床与咨询心理学专业本科培养方案注册登记标准

临床心理学或咨询心理学或临床与咨询心理学本科培养方案注册登记时须符合下列标准。

2.1 方案执行机构须具备中华人民共和国国务院学位委员会认可的教育学、心理学、医学、护理学、社会学等相关专业的学士培养资格。

2.2 方案须明确界定为临床心理学、咨询心理学或临床与咨询心理学本科培养方案。

2.3 方案须在正文或附属文件中明确培养目标、课程设置(名称、类别、课时、学分、开课时间计划及必要说明)、课程简介(主要内容、教学形式、教材以及教学和学习要求等)、教学与学习评价(考试、考核)方式以及培养过程的质量控制等事项。培养方案须提供清晰、有组织、可操作的运行流程。

2.4 方案须对学生候选人有明确的准入标准。

2.5 方案须有能够承担相应教学和培养任务，具备临床与咨询心理学专业教学、科研和实务胜任力的教学团队。其中至少 2 名教师为中国心理学会临床与咨询心理学专业机构和专业人员注册系统(以下简称"注册系统")有效注册登记的专业人员。若该培养方案的专业教师来自其他国家或地区，则由注册工作组参考《标准》规定的注册心理师或督导师标准进行个别认定。

2.6 方案中的基础心理学课程应包括以下 a 类～m 类的课程。这些课程的知识深度、广度应符合教育部高等学校心理学教学指导委员会的要求，且每类课程学分不低于下列规定(一般 1 个学分等于 16 个学时)：

a. 普通心理学(至少 3 学分)；

b. 发展心理学(至少 2 学分)；

c. 生理心理学(至少 2 学分)；

d. 实验心理学(至少 2 学分)；

e. 认知心理学(至少 2 学分)；

f. 心理统计(至少 2 学分)；

g. 心理测量(至少 2 学分)；

h. 中枢神经解剖(至少 1 学分)；

i. 变态或异常心理学(至少 3 学分)；

j. 人格心理学(至少 2 学分)；

k. 社会心理学(至少 2 学分)；

l. 健康与社区心理学(至少 2 学分)；

m. 文化心理学(至少 1 学分)。

2.7 方案中的临床与咨询心理学专业实务类模块课程应包括以下 4 类：

a. 心理咨询与治疗的理论与实务(至少 3 学分，应包含 3 学时以上专业伦理培训）；

  b. 心理评估与会谈(至少 2 学分)；

  c. 心理健康教育(至少 2 学分)；

  d. 团体心理辅导(至少 2 学分)。

  2.8 方案须包括针对临床与咨询心理学领域的本科生见习和实习阶段。实习生无论在何种实习机构实习，均须在注册心理师或督导师督导下从事临床心理治疗或咨询类工作(包括来访者接待、辅助性参与团体咨询、辅助性参与心理评估和心理咨询、心理教育、团体辅导等)，时间应不少于 50 小时，且在毕业前接受督导的小时数不少于 50 小时。

  2.9 培养方案须有明确的毕业标准。

  2.10 因发展需要补充或更改本科培养方案注册登记标准时，标准制定工作组制定补充规定(不得与《标准》冲突)，提交注册工作委员会讨论通过后试行，条件成熟时执行，并适时写入新的注册标准。

3. 临床与咨询心理学专业硕士培养方案注册登记标准

  临床心理学或咨询心理学或临床与咨询心理学硕士培养方案注册登记时须符合下列标准。

  3.1 方案执行机构须具备中华人民共和国国务院学位委员会认可的硕士培养资格。

  3.2 方案必须明确界定为临床心理学或咨询心理学或临床与咨询心理学硕士培养方案。

  3.3 方案须在正文或附属文件中明确培养目标、课程设置(名称、类别、课时、学分、开课时间计划及必要说明)、课程简介(主要内容、教学形式、教材以及教学和学习要求等)、教学与学习评价(考试、考核)方式以及培养过程的质量控制等事项。培养方案须提供清晰、有组织、可操作的运行流程。

  3.4 方案须明确界定学生候选人的准入标准。对于非心理学本科学历的候选人，方案须规定其第一学年必须完成补修的本科专业课程。方案的准入程序除考察候选人的专业知识和能力以外(笔试)，还须专设面试小组，以考察其是否具备临床与咨询心理学专业所要求的人格特征和基本素质。

3.5 方案须有能承担相应教学和培养任务、具备临床与咨询心理学专业教学、科研和实务胜任力的教学团队。其中，至少 2 人为注册心理师。若专业教师来自其他国家或地区，则由注册工作组参考《标准》规定个别认定。

3.6 方案中应包括以下 a 类～d 类心理学基础课程。这是基于本科相应课程的进阶，其知识深度、广度和难度皆是本科心理学相应课程的递进，且学分设置不少于 8 学分(1 学分等于 16 个学时)：

a. 科学和专业的道德伦理准则(至少 1 学分)；

b. 心理学进展(至少 3 学分)；

c. 高阶心理学研究方法(至少 2 学分)；

d. 心理病理学或精神病学相关课程(至少 2 学分)。

3.7 方案中应包括以下 a 类～g 类心理学实践类或实务类课程。这些课程基于本科相应课程，在知识深度、技能上皆是本科相应课程的递进。每类课程学分不少于下列规定。课程学分设置不少于 18 学分(1 学分等于 16 个学时)：

a. 心理咨询与治疗的理论与实务(至少 2 学分)；

b. 心理评估与诊断的理论与实务(至少 2 学分)；

c. 心理咨询与治疗的会谈技巧(至少 2 学分)；

d. 针对不同对象的心理咨询与治疗实务类课程(至少 4 学分)；

e. 不同取向的心理咨询与治疗实务类课程(至少 4 学分)；

f. 临床心理学或咨询心理学实践现场或模拟现场(实验室)培训、实践练习(至少 2 学分)；

g. 各类心理或精神障碍的临床治疗方法或方案的专题学习(包括东西方文化思想指导下的心理咨询与治疗技术和方法专题) (至少 2 学分)。

3.8 方案须包括针对临床或咨询心理学领域的实习内容。实习须在有效注册的实习机构中、在有效注册的督导师督导下进行，从事临床心理治疗或咨询的时间应不少于 100 小时。规律、正式的个体和集体案例督导不少于 100 小时(其中个体督导不少于 30 小时)。若该方案的督导师来自其他国家或地区，则由注册工作组参考《标准》规定个别认定。

3.9 方案须有明确的毕业标准,硕士候选人须在毕业前提供相关文件(如理论指导下的系统咨询或治疗案例报告、临床与咨询心理学领域的论文、督导评估或评价报告等),证明其具备培养方案所规定的临床实践能力。

3.10 因发展需要补充或更改硕士培养方案注册登记标准时,标准制定工作组制定补充规定(不得与《标准》冲突),提交注册工作委员会讨论通过后试行,条件成熟时执行,并适时写入新的注册标准。

4. 临床与咨询心理学专业博士培养方案注册登记标准

临床心理学或咨询心理学或临床与咨询心理学博士培养方案注册登记时须符合下列标准。

4.1 方案执行机构须具备中华人民共和国国务院学位委员会认可的博士培养资格。

4.2 方案必须明确界定为临床心理学或咨询心理学或临床与咨询心理学博士培养方案。

4.3 方案须在正文或附属文件中明确培养目标、课程设置(名称、类别、课时、学分、开课时间计划及必要说明)、课程简介(主要内容、教学形式、教材以及教学和学习要求等)、教学与学习评价(考试、考核)方式以及培养过程的质量控制等事项。培养方案须提供清晰、有组织、可操作的运行流程。

4.4 方案须明确界定学生候选人的准入标准。3年制博士培养方案对博士候选人在硕士培养期间的专业知识、技能和临床实践要有明确要求,且至少满足《标准》硕士培养方案3.6～3.9的规定。对于未达《标准》的博士候选人,方案须规定其必须完成的补修硕士专业课程。培养方案的准入程序除了考察博士候选人的专业知识和能力以外,还须专设面试小组考察其是否具备临床与咨询心理学专业所要求的人格特征和基本素质。

4.5 方案须有能承担相应教学和培养任务、具备临床与咨询心理学专业教学、科研和实务胜任力的教学团队。其中,至少3人为注册心理师,至少1人为注册督导师。若专业教师来自其他国家或地区,则由注册工作组参考《标准》规定的注册心理师或督导师专业水平个别认定。

4.6 方案中的课程应包括针对临床与咨询心理学领域的a类～e类高阶课程:

a. 临床与咨询心理学专业伦理类的高阶课程；

b. 心理诊断、心理评估类的高阶课程；

c. 科学方法论、研究设计与方法学高阶课程；

d. 多元文化下的心理咨询或治疗专题高阶课程；

e. 设至少 3 个下列高阶课程：精神分析、认知行为咨询与治疗、人本主义取向咨询、家庭心理咨询与治疗、儿童心理咨询与治疗、团体心理咨询与治疗、督导理论与实务、危机干预等专业实务课程。

4.7 方案须包括针对临床与咨询心理学领域的实习内容，其中包括：(1)在有效注册督导师督导下从事临床心理治疗或咨询至少 200 小时；(2)接受规律、正式的、一对一个体督导至少 60 小时、集体案例督导至少 100 小时；(3)从事督导实习的实践(在资深督导师督导下督导硕士或低年级博士生)至少 20 小时。若该培养方案的督导师来自其他国家或地区，则由注册工作组参考《标准》规定个别认定。

4.8 培养方案须有明确的毕业标准，博士候选人须在毕业前提供相关文件(如理论指导下的系统咨询或治疗案例报告、临床与咨询心理学领域的科学论文、督导评估或评价报告等)，证明其具备培养方案所规定的临床实践能力和从事临床与咨询心理学研究的能力。

4.9 五年制(或硕博连读)博士培养方案还应包括硕士培养方案 3.6～3.9 的要求。

4.10 因发展需要补充或更改博士培养方案注册登记标准时，标准制定工作组制定补充规定(不得与《标准》冲突)，提交注册工作委员会讨论通过后试行，条件成熟时执行，并适时写入新的注册标准。

5. 临床与咨询心理学实习机构注册登记标准

实习机构是使进入实习阶段的临床或咨询心理学专业的本科生、硕士生、博士生获得专业知识、专业技能和实践经验的临床心理学或咨询心理学或临床与咨询心理学专业机构。临床与咨询心理学机构若要注册登记，须确保实习生实习期间的利益以及招募和培养实习生的非营利性，遵守《伦理守则》并符合下列标准。

5.1 实习机构须能提供直接针对寻求专业服务者的系列服务，包括心理评估、心理治疗或咨询。

5.2 实习机构应有书面声明或者手册，具体描述实习目标和内容，明确对实习学生的准入要求、工作数量和质量等期望和要求。实习机构须与实习生、实习生所在学校院系签署实习协议，明确规定相关各方的责任和权利，包括但不限于实习机构的挂牌名称、实习费用、实习生的实习时间、权利与义务、实习生获得个体和团体督导的小时数和频率、应完成的实习内容等。

5.3 本科生实习机构至少有 1 位注册助理心理师、1 位注册心理师；硕士生实习机构至少有 1 位注册心理师、1 位注册督导师；博士生实习机构至少有 2 位注册督导师，其中至少 1 人是该机构全职人员。注册人员应分工明确，负责实习培训流程的完整性和质量监控。

5.4 实习机构须是(或从属于)法人机构。其须为实习学生提供有计划、设置好顺序的实习培训方案，其重点和主要目的在于确保实习培训的质量。

5.5 实习研究生的督导工作由全职督导师或属于该机构且负责督导案例的兼职督导师担任。

5.6 本科生在机构实习须至少 100 小时，硕士生全职实习至少 250 小时，博士生全职实习至少 500 小时；且至少 40%实习时间直接接触寻求专业服务者(即在督导下直接从事临床心理治疗或咨询。本科生的"直接接触"时间可包括心理教育、参与辅助性临床工作、心理辅导等)。

5.7 无论实习期长短，实习机构的督导师每周应为实习学生提供至少 1 小时的个体督导(本科实习生可仅有团体督导)，以处理其实习期间在心理治疗或咨询服务中遇到的与案例和临床技能相关的问题。实习机构每周应提供至少 2 小时用于案例讨论、临床相关问题的专题讨论、小组督导或额外的个体督导。这些活动应纳入实习生的实习培训流程。

5.8 本科生(硕士生、博士生)实习机构同期有至少 2 名临床与咨询心理学专业同类实习生，且已有至少 2 名该专业同类实习生按照流程完成了实习。无论属性和规模，同期(本科、硕士和博士)实习生与该机构注册人员(助理心理师、心理师和督导师)数量比不得超过 10:1。

5.9　实习学生的称谓须在实习手册中明确标注，比如实习生、实习心理咨询师、实习心理治疗师、实习临床心理师或临床心理学进修医师等，并事先告知实习生所接触的寻求专业服务者。

5.10　实习机构招募的非应届毕业实习生(无论已获得什么学位)须学完《标准》2.6与2.7或3.6与3.7或4.6条款规定课程，且签订规定双方责、权、利的书面实习协议。实习机构对此类实习生的收费、流程要求、监管和督导等应与应届实习生一视同仁。

5.11　实习机构首个注册有效期为4年，期满后的注册年限由注册工作组评定(可为4~8年)。

5.12　因发展需要补充或更改实习机构注册登记标准时，标准制定工作组制定补充规定(不得与《标准》冲突)，提交注册工作委员会讨论通过后试行，条件成熟时执行，并适时写入新的注册标准。

6. 助理心理师注册登记标准

6.1　遵守《伦理守则》，未因专业伦理问题陷入纠纷，无违法记录。

6.2　达到6.2.1~6.2.2标准之一，并有2名有效注册的助理心理师、心理师或督导师推荐，可申请注册助理心理师。

6.2.1　具有心理学/医学/教育学/社会学/社会工作专业/人类学硕士、博士学位，但其他条件未满足《标准》对注册心理师的界定。

6.2.2　1999年12月31日前获得教育部认可大学的心理学/医学/教育学/社会学/社会工作专业/人类学相关学科大专学历，或1999年12月31日后获得教育部认可大学的上述专业相关学科本科学历并获得相关学位，且其资质不符合《标准》中心理师注册要求而不能直接申请注册心理师，但已具备下列条件之一者。(1)所接受的专业课程满足《标准》2.6与2.7或3.6与3.7或4.6规定；(2)在有效注册督导师督导下与寻求专业服务者直接接触的实践时间超过250小时(其他国家或地区督导师由注册工作组参考《标准》规定的督导师专业水平个别认定)；(3)接受有效注册的督导师规律、正式的案例督导(包括集体和一对一个体督导)时间累计超过100小时，其中个体督导至少30小时。

6.3 已获心理治疗、精神医学、临床/医学心理学中级以上职称，或人力资源和社会保障部心理咨询师三级资格满 5 年、二级资格满 3 年，并符合 6.3.1～6.3.5 标准之一，可申请注册助理心理师。

6.3.1 在注册督导师督导下直接接触寻求专业服务者实践(咨询或心理治疗)超过 200 小时(若督导师来自其他国家或地区，则由注册工作组参考《标准》规定的督导师专业水平和资格个别认定)。

6.3.2 在注册心理师同辈督导下与寻求专业服务者接触的实践时间超过 400 小时。

6.3.3 参加注册系统认可的专业培训项目超过 100 小时，且与寻求专业服务者接触的实践时间超过 400 小时。

6.3.4 接受注册督导师规律、正式的案例督导(包括集体和一对一个体督导)累计超过 100 小时(若督导师来自其他国家或地区，则由注册工作组参考《标准》规定的督导师专业水平和资格个别认定)。

6.3.5 在注册实习机构等单位(其他机构由注册工作组个别认定)内接触寻求专业服务者进行心理咨询或治疗实践超过 800 小时，未卷入专业伦理纠纷或受到任何形式的投诉。

6.4 不符合 6.2 或 6.3 要求者需提供必要的申请材料，由注册工作组个别评估；经注册工作组评审会议 2/3 以上出席委员投票通过，并经伦理工作组审核和伦理公示，可注册为助理心理师。

6.5 继续教育：助理心理师在有效注册期内须接受进一步专业培训，包括专业理论(包括伦理)和技能学习、接受督导、实习、自我体验。注册助理心理师在每个注册期满后更新注册登记，须满足：(1)专业课程：参加有效注册的继续教育或专业培训项目学习至少 40 学时/年(或一个注册期内累计至少 120 学时，其中专业伦理培训至少 16 学时)；(2)督导：接受注册心理师同辈督导至少 100 小时/年，或接受注册督导师个别督导至少 30 小时/年，或接受注册督导师团体督导至少 60 小时/年；(3)参加其他专业学术活动，如学术会议、专业工作坊、报告论文、发表论文等的继续教育小时数折算由注册工作组根据相关细则认定。

6.6 重新注册登记：因各种原因未及时重新注册登记的助理心理师，其注册登记失效期在 2 年内，由注册工作组审查批准、伦理工作组审核后可恢复注册登记；超过 2 年者，需满足 6.1~6.5 相关规定，方可重新申请注册登记。

6.7　未达到 6.2~6.4 条款者可申请成为"注册助理心理师候选人"，接受注册工作组指定的督导和培养指导计划。"注册助理心理师候选人"的管理细则由标准制定工作组另行制定。

6.8　因发展需要补充或更改助理心理师注册登记标准时，标准制定工作组制定补充规定(不得与《标准》冲突)，提交注册工作委员会讨论通过后试行，条件成熟时执行，并适时写入新的注册标准。

7．心理师注册登记标准

心理师注册登记需符合下列标准，并提供相关证明。

7.1　遵守《伦理守则》，未因专业伦理问题陷入纠纷，无违法记录。

7.2　具有临床心理学或咨询心理学或临床与咨询心理学专业博士学位者，其获得学位所在专业博士培养方案符合 4.1~4.9 规定并已有效注册，经 2 名注册心理师或督导师推荐，可申请注册心理师。

7.3　具有临床心理学或咨询心理学或临床与咨询心理学专业硕士学位者，其获得学位所在的临床与咨询心理学专业硕士培养方案符合 3.1~3.9 规定并已有效注册，经 2 名注册心理师或督导师推荐，满足 7.3.1 和 7.3.2 条款后，可申请注册心理师。

7.3.1　获硕士学位 2 年内在注册督导师督导下与寻求专业服务者接触的实践时间至少 150 小时。

7.3.2　获硕士学位后接受注册督导师规律、正式的个体督导至少 50 小时、集体案例督导至少 50 小时(其中申报者本人呈报的咨询或治疗案例在团体督导中被督导至少 5 小时)。若督导师来自其他国家或地区，则由注册工作组参考《标准》规定的督导师专业水平和资格个别认定。

7.4　在中国境内获得非《标准》认可的心理学/医学/教育学等专业硕士或博士学位者，若要申请注册心理师，需提供必要文件(2 名注册心理师或督导师的推荐信、学位证书复印件、实习和督导证明)，同时需满足 7.4.1~7.4.3 要求。

7.4.1 申请人接受的专业研究生培养课程达到 3.6 和 3.7 条款规定，或研究生毕业后接受了相当于 3.6 和 3.7 条款规定的全部课程培训。

7.4.2 在注册督导师督导下与寻求专业服务者直接接触的临床实践小时数至少 250 小时(包括研究生在读期间积累的实践小时数)。若督导师来自其他国家或地区，则由注册工作组参考《标准》规定个别认定。

7.4.3 接受注册督导师规律、正式的个体督导至少 80 小时(含研究生在读期间接受的个体督导小时数)、集体案例督导至少 120 小时(其中申报者本人呈报的咨询或治疗案例在团体督导中被督导至少 12 小时，含研究生在读期间积累的团体督导小时数)。若督导师来自其他国家或地区，则由注册工作组参考《标准》规定个别认定。

7.5 在其他国家或地区获得临床或咨询心理学相关专业硕士或博士学位的中国公民，需提供其受训的专业培养方案(课程设置、实习流程等)和接受该方案培训的证明文件(学位证书复印件、实习和督导证明、督导推荐信、2 名注册心理师或督导师推荐信等)，可向注册工作组提交注册申请。由注册工作组参照 3.2～3.9 或 4.2～4.9 以及 7.4 相关条款个别认定。

7.6 1999 年 12 月 31 日前获得教育部认可大学的心理学、医学或教育学等学科学士学位但其资质不完全符合 7.2～7.4 要求者，若要申请注册心理师，需提供有关其受训的过程(包括课程设置、实习流程等)和接受专业培训的证明文件(学位证书复印件、实习和督导证明、督导推荐信、2 名注册心理师或督导师推荐信等)，可向注册工作组提交申请。后者参照有关条款个别认定。

7.7 助理心理师申请注册登记成为心理师的标准是满足 7.7.1～7.7.3 之一。

7.7.1 获心理学/医学/教育学/社会学/社会工作专业/人类学硕士、博士学位，同时满足 7.3 或 7.4 或 7.5 相关规定者，可申请。

7.7.2 助理心理师未取得上述学位，但同时满足以下条件也可申请。(1)所接受的专业课程满足《标准》硕士培养方案规定；(2)注册为助理心理师超过 2 年，并在注册督导师督导下与寻求专业服务者接触的实践时间超过 250 小时；(3)注册为助理心理师后，接受注册督导师规律、正式的个体督导至少 80 小时和集体案例督导至少 120 小时(其中申报者本人呈报的咨询或治疗案例被督导至少 12

小时)。若督导师来自其他国家或地区，则由注册工作组参考《标准》规定的督导师专业水平和资格个别认定。

7.7.3 连续 2 期有效注册的助理心理师，在满足 6.5 关于助理心理师继续教育的规定前提下，由 2 名注册心理师或督导师推荐，并提交必要的申请补充资料(由注册工作组制定相关要求细则)，经注册工作组与伦理工作组审核确认后可转为注册心理师。

7.8 继续教育：注册心理师在注册期满后更新注册登记时，需提供至少 40 学时/年的注册继续教育或专业培训项目的学习证明(或一期内累计学习至少 120 学时，其中专业伦理培训至少 16 学时)。

7.9 重新注册登记：因各种原因未及时重新注册登记的心理师，失效期在 2 年内者由注册工作组审查批准、伦理工作组审核后可恢复登记；超过 2 年者需满足 7.1～7.8 规定，方可重新申请注册登记。

7.10 因发展需要补充或更改心理师注册登记标准时，标准制定工作组制定补充规定(不得与《标准》冲突)，提交注册工作委员会讨论通过后试行，条件成熟时执行，并适时写入新的注册标准。

8. 督导师注册登记标准

督导师注册需符合下列标准，并提供相关证明。

8.1 遵守《伦理守则》，未因专业伦理问题陷入纠纷，无违法记录。

8.2 申请者是注册心理师，并由 2 名注册督导师推荐，可申请注册督导师。

8.3 临床经验：心理师注册登记后，从事临床心理治疗或咨询实践累计至少 1500 小时。

8.4 督导经验：从事督导实习工作至少 120 小时，且在注册督导师督导下从事督导实习至少 60 小时。

8.5 提出督导师注册申请前 5 年内，曾全程参加以培养督导师为目标的继续教育或再培训项目至少 60 学时，并在申请前 3 年内参加过临床与咨询心理专业伦理培训累计至少 24 学时(这些项目均达到 9.1～9.5 条款的要求并已获有效注册，且不可相互替代)。

8.6 曾参加《标准》认可的高级专业继续教育或再培训项目(与 8.5 规定的

培训内容不重复)累计至少 200 小时。

8.7 连续 3 个注册期有效注册的心理师,满足 7.8 关于心理师继续教育的要求且符合 8.3~8.6 规定者,由 2 名注册督导师推荐,并提交必要的补充资料,经注册工作组指定专家小组与申请者会谈后提交评估报告。注册工作组 1/2 以上委员投票通过并经过伦理工作组审核确认,可转为注册督导师;不完全符合 8.3~8.6 规定的申请者可由注册工作组指定专家小组与申请者会谈,提交评估报告。注册工作组 2/3 以上委员投票通过并经过伦理工作组审核,可注册为督导师。

8.8 获其他国家或地区临床或咨询心理学相关专业博士学位且已获该国家或地区的相关从业执照或资格的中国公民,可提供其接受的专业培养方案材料(学位证书复印件、学位课程表、临床实习和接受督导证明、接受督导培训证明等)、从业执照或资格文件等(个人简历、从业执照或资格文件复印件、从事督导工作证明等),并提交必要补充资料,由 2 名注册督导师推荐,可向注册工作组提出申请。由注册工作组参照《标准》规定的注册心理师或督导师专业水平和资格个别审定。

8.9 继续教育:注册督导师期满更新注册登记时,需提供以下有效证明材料。其中,第(1)项为必须满足的条件,同时还需满足以下(2)至(5)规定的继续教育内容,累积至少 150 小时。(1)在一个注册期内接受 16 小时以上专业伦理培训(若接受的伦理培训包含在其他有效注册继续教育培训项目中,则需单独提供伦理培训时数证明);(2)参加过督导相关有效注册继续教育或连续培训项目(若接受的督导训练包含在其他专业培训或课程中,则需单独提供督导培训时数证明);(3)接受有效注册专业继续教育或专业培训;(4)提供从事专业教学或培训的小时数的有效证明、相关教学大纲和教学日程(以上文件均需督导师所在单位或培训主办单位盖章),每 1.5 小时无重复内容的专业教学课程或培训工作可折算为 1 个继续教育学时,折算后的继续教育学时需经注册工作组认定;(5)参加其他专业学术活动,如学术会议、专题工作坊、报告论文、发表论文等的继续教育小时数折算由注册工作组认定。

8.10 注册督导师注册期满再次登记时,需符合从事督导工作的 8.10.1~8.10.3 所列规定。

8.10.1 在一个注册期内从事个体督导工作(含对实习督导的个体督导)至少 60 小时,且其中对注册心理师、助理心理师或助理心理师候选人的个体督导小时数至少 20 小时 (个体督导的有效证明需含有被督导者的联系方式和签名),或就督导理论与技术给督导师候选者个体督导至少 60 小时。

8.10.2 在一个注册期内从事团体督导工作(含对实习督导的团体督导)至少 120 小时,且接受团体督导的组员包括注册心理师、助理心理师或助理心理师候选人。团体督导证明需含被督导小组成员的名单和签名、督导时间、督导地点。

8.10.3 个体督导小时数与团体督导小时数不能相互折算。督导小时数与继续教育学时不能相互折算。

8.11 重新注册登记:因各种原因未及时重新注册登记的督导师,失效期在 2 年内,由注册工作组审查批准、伦理工作组审核后可恢复登记;超过 2 年者满足 8.1~8.10 规定,可重新申请注册登记。

8.12 因发展需要补充或更改督导师注册登记标准时,标准制定工作组制定补充规定(不得与《标准》冲突),提交注册工作委员会讨论通过后试行,条件成熟时执行,并适时写入新的注册标准。

9. 继续教育或培训项目的注册登记标准

注册继续教育或培训项目(以下简称培训项目)旨在使注册人员更新专业知识、提高专业理论和专业技能、提升自我觉察。培训项目要注册登记,其负责人或机构(无论其所有制性质、是否为商业机构等)应确保该项目的非营利性,并符合下列标准。

9.1 培训项目负责人需是注册督导师。其主要培训师是注册督导师或注册工作组认可的专业人员。

9.2 培训项目的宣传、招生、实施需遵守《伦理守则》以及注册工作委员会的相关规定。

9.3 培训项目应明确:(1)培训目的、培训大纲、教材和教学方式,培训大纲应包含规范、有序的培训计划或流程,并清楚标明培训小时数、重点内容和主要目的,确保培训质量;(2)培训师的背景与资质;(3)受训者准入标准;(4)培训预算；(5)培训质量监控和学员申诉机制说明；(6)培训内容科学性及伦理考量的说明；(7)受训者有效获知这些信息的途径。项目负责人应提供以上材料以备审核。

9.4 培训项目应提供主办单位法人证书副本、项目非营利性承诺书，培训结束后提供决算表以备审核。

9.5 网络或视/音频形式的培训项目，除需符合 9.1～9.4 标准外，还需同时满足 9.5.1～9.5.3 要求。

9.5.1 提供与培训目标和大纲内容一致的网络课程链接地址，及相关技术说明文件。文件要明确课程目的，课程的稳定在线时间不低于该项目的最长持续时间。全部学员所在地能有效且稳定地获得与课程相关的全部网络链接、有效播放视/音频学习材料。

9.5.2 培训项目应定期或于项目结束后提供信息，包括学员姓名、所在地、有效联系方式(居住地址、邮编、电子信箱、手机号)，以便注册工作组和秘书组收集和调查培训质量。

9.5.3 提供科学的学习质量考核或测试方案，以考核学员学习的有效性。

9.6 因发展需要补充或更改培训项目注册登记标准时，标准制定工作组制定补充规定(不得与《标准》冲突)，提交注册工作委员会讨论通过后试行，条件成熟时执行，并适时写入新的注册标准。

附 1：与本《标准》有关的名词定义

除 1.2 提到的相关名词定义外，本《标准》其他名词定义如下。

临床心理学(clinical psychology)：心理学分支学科之一。它既提供心理学知识，也运用这些知识理解和促进个体或群体心理健康、身体健康和社会适应。临床心理学注重心理问题研究，并治疗严重心理障碍(包括人格障碍)。

咨询心理学(counseling psychology)：心理学分支学科之一。它运用心理学知识理解和促进个体或群体心理健康、身体健康和社会适应。咨询心理学关注个人日常生活一般性问题，以改善其心理适应能力。

心理咨询(counseling)：基于良好咨询关系，经训练的临床与咨询心理学专业人员运用咨询心理学理论和技术，帮助、消除或缓解求助者心理困扰，促进其心理健康与自我发展。心理咨询侧重一般人的发展性咨询。

心理治疗(psychotherapy)：基于良好的治疗关系，经训练的临床与咨询心理学专业人员运用临床心理学有关理论和技术，帮助与矫治心理障碍患者，以消除或缓解其心理障碍或问题，促进其人格向健康、协调的方向发展。心理治疗侧重心理疾患的治疗和心理评估。

心理辅导(psychological guidance)：针对普通人群的发展性、预防性心理健康教育活动。经过专业训练的辅导人员运用心理学的理论与技术，协助接受辅导者认识自己、接纳自己、了解环境、克服成长障碍，促进其适应环境、增进心理健康。

临床或咨询心理学培养方案(training programs in clinical or counseling psychology)：高校心理学或相关专业的研究、培训机构设置的临床心理学或咨询心理学(或临床与咨询心理学专业方向)学士、硕士或博士学位培养系统，旨在培养临床或咨询心理学专业学士、硕士或博士。培养方案应包括稳定、分工明确的师资团队和完整可实施的课程模块、培养流程及培养手册。

实习机构(organization for internship)：为相关专业人员提供心理咨询与心理治疗临床实习场地、实习机会和实习督导的专业机构。实习机构应有稳定、分工明确的实习督导团队，以及完整、可实施的书面实习计划及实习手册。

继续教育项目(continuing education program)：为临床或咨询心理学专业人员提供非学位、非学历培养的再教育和培训课程，使其更新有关专业知识、学习新的专业技能。培训项目有明确的负责人、培训目标、师资、各种形式的教材、有序的培训计划、必要的培训硬件(场地、设施、专业设备等)和项目收费等相关配套服务要素。

寻求专业服务者(professional service seeker)：来访者(client)、精神障碍患者(patient)或其他需要接受心理咨询或心理治疗专业服务的求助者。

中国心理学会临床与咨询心理学专业机构和专业人员注册系统(professional registration system for clinical and counseling psychology organizations and professionals of chinese psychological society)：指中国心理学会临床心理学注册工作委员会依据《标准》和《伦理守则》及其他相关规定建立的临床与咨询心理学注册登记体系，包括专业人员注册和管理体系、机构注册和管理体系、注册人员和机构数据库及更新系统、伦理审查及监事制度等一系列互联的管理制度和行政体系。

附2：修订说明

《中国心理学会临床与咨询心理学专业机构和专业人员注册标准(第一版)》于2007年初正式发布并启用，已应用10年。2015年7月，中国心理学会临床心理学注册工作委员会(以下简称"注册工作委员会")全体委员工作会议决定修订《中国心理学会临床与咨询心理学专业机构和专业人员注册标准》，形成该标准第二版(以下简称"标准")，旨在适应新形势下行业发展需要，逐步建立适应我国国情、走中国特色的专业行业组织发展道路。修订工作于2016年1月正式启动，历时两年完成。

1. 修订过程

修订工作由中国心理学会第三届临床心理学注册工作委员会标准制定工作组负责，并经注册工作委员会审定后提交中国心理学会常务理事会审议通过。

2016年4月，标准制定工作组和注册工作组指定钟杰委员(第一版标准的结构框架设计者)组织多位年轻同道合作修订标准初稿(其中包括心理学背景的刘兴华研究员、黄铮博士，医学和心理学背景的张黎黎博士、李旭博士)，并充分讨论交换修订意见。2016年7月，第三届注册工作委员会工作会议汇报、讨论了《第二版标准第1稿》，并集合委员们的意见形成了《第二版标准第2稿》。2016年8~12月，《第二版标准第2稿》继续征集意见。2017年7月，利用注册系统大会继续征求会员们的意见，形成《第二版标准第3稿》。2017年8~11月，在网上公开征求全球华人同行的意见，并在2017年12月修改形成《第二版标准第4稿》。

2017年12月《第二版标准第4稿》提交标准制定工作组修订成《第二版标准第5稿》。2018年1月，由标准制定工作组提交注册工作委员会修订形成《第二版标准提交稿》。

2018年1月22日，注册工作委员会正式提交注册标准(第二版)，中国心理学会常务理事会2018年2月8日审议通过。

2018年5～7月,北京大学出版社赵晴雪编辑应邀润色文字;谢东博士也提出修改建议。标准制定工作组钟杰、钱铭怡、韩布新及贾晓明多次讨论,最后完善二版标准的文字及逻辑结构。

2. 结构变化

第一版标准与第二版标准结构变化对比如表 3.1 所示。

表 3.1　《标准》第一版与第二版结构变化对比

第一版(2007)	第二版(2018)
1. 注册原则和政策(15 条)	1. 注册原则和政策(11 条)
	2. 临床与咨询心理学专业本科培养方案注册登记标准(10 条)
2. 临床与咨询心理学专业硕士培养方案注册标准(9 条)	3. 临床与咨询心理学专业硕士培养方案注册登记标准(10 条)
3. 临床与咨询心理学专业博士培养方案注册标准(9 条)	4. 临床与咨询心理学专业博士培养方案注册登记标准(10 条)
4. 临床与咨询心理学实习机构注册标准(10 条)	5. 临床与咨询心理学实习机构注册登记标准(12 条)
	6. 助理心理师注册登记标准(8 条)
5. 心理师注册标准(7 条)	7. 心理师注册登记标准(10 条)
6. 督导师注册标准(7 条)	8. 督导师注册登记标准(12 条)
7. 继续教育或培训项目的注册标准(4 条)	9. 继续教育或培训项目的注册登记标准(6 条)
附:与本标准有关的名词定义(8 条)	附:与本标准有关的名词定义(10 条)

3. 主要修订内容

(1) 注册原则与政策的变化。

注册系统不断发展壮大,其内部管理规则越来越复杂。因此,注册系统内部管理原则与政策不再列入注册标准,另行制定独立的制度文件。

此外,第二条增加"助理心理师"定义。第四条在第一版(1.4～1.6)条文基础上增加了"诚信原则"作为注册系统的基本原则,与非营利性原则、质量控制原则、非强制性原则一起确立为在我国国情下发展注册系统的四大核

(2) 增加"本科培养方案注册登记标准"。

该部分对本科临床与咨询心理学专业模块课程、督导小时数、实习小时数都提出了具体标准，确立了"专业课程+实习+督导"的本科专业培养模式。增加临床与咨询心理学专业本科培养方案注册登记标准，体现我国心理治疗与心理咨询师的职业发展特色，即借鉴临床医学本科培养的发展模式，提供本科生专业训练和教学模块，将发展心理咨询与心理治疗专业定位于本科起点，以适应我国国情，逐步建立中国特色的专业发展道路。

设计思路是本科生毕业后可以做心理辅导工作，如希望在专业领域进一步发展，需要在进一步专业学习及实习后申请助理心理师注册登记；硕士生毕业后应可以在上级督导指导下进行心理咨询或心理治疗工作，2 年内申请心理师注册登记；博士生毕业后应可以进行心理咨询和心理治疗，可以申请心理师注册登记，同时应可在上级督导指导下做督导实习。

(3) 硕士、博士培养方案注册登记标准的变化。

研究生培养方案也有变化。①在本科培养方案课程要求的基础上，简化临床基础课程(3.6)。②详细和明确规定临床专业课程(3.7)。③明确规定接受个体督导至少 30 小时(3.8)。④博士培养方案修改相应课程(4.6)、个体督导小时数和实习督导的小时数(4.7)。

(4) 实习机构注册登记标准的变化。

此次修订增加了本科实习机构的有关规定(5.3 和 5.8)，并明确实习机构"应确保实习生实习期间的权益以及招募和培养实习生的非营利性"原则。

(5) 纳入助理心理师注册登记标准。

第一版标准未规定助理心理师的注册登记，但注册系统在 2010 年 11 月制定了《关于助理心理师的补充规定》并于 2011 年启动。第二版标准完善了该补充规定。助理心理师成为注册系统与原人力资源和社会保障部心理咨询师系统、卫生健康委员会心理治疗师考试系统、精神医学职称体系的兼容性规定关键点(6.3)。

第二版标准提高了助理心理师的继续教育小时数(6.5)，并规定了重新登记的要求和时间(6.6)。

(6) 心理师注册登记标准的变化。

与第一版比较，第二版标准有关心理师的注册登记标准有如下变化。①明确规定申请人接受的个体督导小时数(7.3.2 和 7.4.3)和参加团体督导时报告案例的时间(7.3.2 和 7.4.3)。②明确规定助理心理师如何申请心理师(7.7)，尤其是注册 2 期以上的助理心理师如何"申请转入"心理师。③提高心理师的继续教育时数至 40 学时/年，并明确规定伦理学习时间(7.8)。④更细致地规定心理师重新注册程序(7.9)。

(7) 督导师注册登记标准的变化。

与第一版比较，第二版标准有关注册督导师的注册登记标准有七点变化。①增加注册心理师申请督导师前累计临床实践小时数至 1500 小时(8.3)。②更改申请人在申请督导师前的督导经验(从事督导实习的时间、在注册督导师督导下进行督导实习的时间)，前者增加到 120 小时，后者减少到 60 小时(8.4)。③规定申请人在申请督导师前参加以培养督导为目标的培训(8.5)，明确要求参加伦理培训时间(8.5)以及参加高级心理治疗专业培训(8.6)。④规定连续注册登记 3 期以上的注册心理师如何申请督导师(8.7)。⑤提高督导师的继续教育时数至 50 学时/年，明确规定伦理必修时间(8.9)。⑥明确规定督导师从事督导工作时数(8.10)。⑦细致规定督导师重新注册程序(8.11)。

(8) 继续教育项目注册登记标准的变化。

与第一版比较，第二版标准有关继续教育项目的注册登记标准有两点变化。①明确规定注册继续教育项目的"非营利性"："培训项目若要得到注册登记，其负责人或机构(无论其所有制性质、是否是商业机构等)应确保该项目的非营利性"(第 9 条)。②顺应时代发展，增加了网络培训项目的注册规定(9.5)。

4. 修订基本原则

本次标准修订遵循五个基本原则。①遵守《精神卫生法》及相关法律条文。②顺应当下临床与咨询心理学专业工作不断扩展的需要。③顾及我国目前临床与咨询心理学专业工作的专业化发展水平。④兼顾目前临床心理学注册工作委员会可以执行的程度。⑤留下临床与咨询心理学专业工作的未来发展空间。

中国心理学会临床心理学注册工作委员会
标准制定工作组
2018 年 5 月 3 日
2018 年 8 月 24 日

参 考 文 献

江光荣, 夏勉. 美国心理咨询的资格认证制度. 中国临床心理学杂志, 2005, 13(1): 114-117.

中国心理学会. 中国心理学会临床与咨询心理学专业机构和专业人员注册标准(第一版). 心理学报, 2007a, 39(5): 942-946.

中国心理学会. 中国心理学会临床与咨询心理学工作伦理守则(第一版). 心理学报, 2007b, 39(5): 947-950.

American Psychological Association. American Psychological Association approval of sponsors of continuing education for psychologists: policies and procedures manual. [2017-10-30]. https://www.apa.org/ed/sponsor/resources/policy-manual.pdf.

American Psychological Association. Guidelines and principles for accreditation of programs in professional psychology (G&P). [2017-10-30]. http://www.apa.org/ed/accreditation/ about/ policies/guiding-principles.pdf.

National Register Health Service Psychologist (HSP). Credentialing requirements. [2017-10-30]. https://www.nationalregister.org/apply/credentialing -requirements.

ZHONG J, QIAN M Y, YAO P, XU K W. Accountability in professional psychology: the improvement in mainland China//HALL J E, ALTMAIER E M. Global promise: quality assurance and accountability in professional psychology. New York: Oxford University Press, 2008：190-195.

§2 注册登记流程及具体要求

注册系统的注册登记工作包括对个人进行注册登记(助理心理师、心理师、督导师)，对培养方案(涉及临床与咨询心理学本科、硕士、博士培养方案)、实习机构和继续教育项目进行注册登记。目前除了培养方案尚未开始进行注册登记之外，其余工作均已开展。

注册系统最重要的工作是对从事心理治疗与咨询的专业机构和人员进行注册登记。注册申请者须达到《注册标准》对个人或机构、项目注册登记的相关要求和标准。

对个人的评审，包括对申请助理心理师、心理师、督导师的评审，目前有评审制和申请制(试行)两种情况。申请制(试行)内容具体见本章§3。

评审制的个人申请，基本流程如下：申请人按照要求向注册系统秘书组提供有关材料，秘书组按照清单进行材料审核，注册工作组进行资质审核，并进一步组织已经注册的经过案例评审培训且签署过保密承诺的心理师、督导师进行案例评审。评审过程如下：

(1) 秘书组初审案例，处理案例电子版(匿名处理，案例匹配)；

(2) 分配给两位案例评审专家(考虑同一学派专家或相关专家)，匿名评审。完成评审后将评审结果反馈至秘书组；

(3) 若两位评审专家评审意见一致，则该结果为最终评审结果；若两位评审专家评审意见不一致，则送第三位专家(通常为注册系统委员会委员)评审。第三位专家意见为终审意见。

评审完成后向申请人发出评审结果通知，通过评审者进入三个月的伦理公示名单进行公示；未通过评审者如对评审结果有异议，可以向秘书组提出复议申请。

秘书组如收到复议申请，将复议申请递交监事组。监事组进行评议，决定是否接受复议申请；如接受，则分配给两位监事委员复评，复评程序同上。

在评审过程中，或在三个月的伦理公示过程中，如发现申请者存在伦理问题，则提交给伦理工作组，由伦理工作组提出进一步处理意见。

若申请者顺利通过伦理公示，则在下一个注册年度正式注册登记为注册系统成员(助理心理师、心理师、督导师)。

已经注册登记为助理心理师、心理师、督导师的注册系统成员，按照《注册标准》要求，每年仍需要进行继续教育的学习，每三年要进行重新登记。重新登记时，除了需报告临床专业工作的情况之外，还需要满足《注册标准》中对继续教育学习的时间要求。

对于实习机构和继续教育项目的注册登记，也需要按照《注册标准》的要求，提供相应的资料，遵循规定的注册流程进行。实习机构在一定的年限之后，也需要进行重新登记，接受重新登记的审核。

以下将对助理心理师、心理师、督导师评审制注册要求，实习机构和继续教育项目的评审要求进行介绍。

一、助理心理师

凡申请中国心理学会临床与咨询心理学专业机构和专业人员注册系统(以下简称"本系统")助理心理师注册登记的人员需提供以下合格材料供本系统注册工作组和伦理工作组审核(所有申请文件请提交中文版本，如提交文件为英文，请附中文对照翻译，外籍督导师需签署中、英文两个版本的督导证明)：

(1) 填写"助理心理师申请人信息采集表"。

(2) 填写"助理心理师注册申请表"1份，纸质版需申请者亲笔签名。

(3) 申请者详细中文履历1份。

(4) "职业伦理遵守声明"1份，纸质版需申请者亲笔签名。

(5) 申请者最终学历和学位证书复印件各1份。

(6) 咨询时数证明：提供从事心理咨询工作的有效证明，该证明须包括工作的时间年限、地点、从事咨询累计小时数(指与来访者面对面咨询的小时数)，纸质版需加盖所在机构公章。

(7) "受督导证明"1份，纸质版需督导师亲笔签字，如非注册系统内督导师，请附督导师简介。

(8) 其他专业受训证明：申请者曾参加的心理咨询与治疗专业领域继续教育课程或工作坊结业证明的复印件。需要包含近2年内参加伦理培训至少16学时的证明。

(9) 提供两位本系统有效注册的督导师、心理师或助理心理师亲笔签名的推荐信(自行起草)，并相应填写"注册助理心理师推荐表"。【注：推荐信和推荐表需要同时提供，不能相互替代。】

(10) 案例报告：提供1份申请者本人从事的在8次以上具有较完整咨询过程的案例报告(请注意对来访者或患者相关个人信息的保护)。如果该案例接受了督导，请在案例报告中注明接受督导的简要过程。

(11) 材料递交要求：第(1)至(10)项的全部纸质材料由申请者整理完成后直接邮寄到注册系统秘书处。接收纸质版申请材料的时间每年两次，以寄出时间为准：第一次为 4 月 1 日～4 月 30 日；第二次为 10 月 1 日～10 月 31 日。其他时间不接收申请材料。推荐信和推荐表可以由申请者收集后统一邮寄，或由推荐人本人亲自完成后直接邮寄给注册系统秘书组。邮寄资料请务必采用顺丰快递、邮政 EMS 快递，其他快递无法送至办公室，有丢失可能，请知悉。邮寄地址：

北京海淀区颐和园路 5 号北京大学哲学楼 113 室（邮编：100871），注册系统秘书组（收）；电话：010-62766211。

其中，第(1)(2)(3)(10)项材料需同时提交电子版，申请者可直接发送到注册系统秘书处邮箱：xinlizhuce@chinacpb.org（请于截止日期前发出，以收到邮件回复确认申请资格）。

第(1)(2)(4)(7)(9)项材料中由中文双引号引出的文件，注册系统提供模板，请申请者于注册系统官方网站或微信公众号下载。

二、心理师

1. 申请资格及所需材料

凡申请本系统注册心理师的人员需达到《注册标准》中规定的学历教育、专业训练、实习和督导的相关条件，并有两名在本系统有效注册的督导师或心理师推荐。同时，需提供以下合格材料供本系统注册工作组和伦理工作组审核（所有申请文件请提交中文版本，如提交文件为英文，请附中文对照翻译，外籍督导师需签署中、英文两个版本的督导证明）。

(1) 填写"心理师申请人信息采集表"。

(2) "心理师注册申请表"1 份，纸质版需申请者亲笔签名。

(3) 申请者详细中文履历 1 份。

(4) "职业伦理遵守声明"1 份，纸质版需申请者亲笔签名。

(5) 申请者最终学历和学位证书复印件各 1 份。

(6) "咨询时数证明"：申请者在督导师(需在本系统有效注册或被本系统认可)的督导下参加心理咨询/治疗实习的有效证明。该证明需包括实习时间和地点、从事实习累计小时数(指申请者与服务对象面对面咨询/治疗的实际小时数，1 次常规的个别会谈按 1 小时计，其他情况参考此标准计量)；需督导师亲笔签名(附督导师注册号)或加盖实习单位/机构公章。如果不能提供上述证明，则须申请者提供能证明其参加过心理咨询/治疗实习(并不是正式从事心理咨询/治疗专业实践)的其他有效材料。

(7) "受督导证明" 1 份，申请者在实习以及心理咨询/治疗的专业实践中接受督导师规律、正式的个体督导或集体督导的证明，需督导师亲笔签字。

(8) 非学历教育/受训证明：申请者曾参加的心理咨询与治疗专业领域继续教育课程或工作坊等的结业证明的复印件。需要包含近 2 年内参加伦理培训至少 16 学时的证明。

(9) 提供两位本系统有效注册的督导师或心理师亲笔签名的推荐信(自行起草)，并相应填写"注册心理师推荐表"。【注：推荐信和推荐表需要同时提供，不能相互替代。】

(10) 学术论文：若申请者曾作为第一作者或第二作者(只适用于导师为第一作者的情况)公开发表临床与咨询心理学专业方面的学术论文，则需提供论文复印件；若无，则可不提供。

(11) 反思性实践报告。从以下两项中选择一个撰写报告：①描述并分析近一年中申请者本人参加的一次或一个心理咨询/治疗专业继续教育活动(如培训、督导等)；②描述并分析近一年中与申请者本人新的自我觉察有关的一段经历或一次活动。写作要求如下表所示。文档使用 A4 纸，正文采用宋体小四号，1.25 倍行距，全文字数不超过 6000 字。具体要求如表 3.2 所示。

表 3.2　反思性实践报告具体要求

报告结构	主要内容
申请者本人信息	(1) 性别、年龄。 (2) 主要理论取向(单选)：①心理动力学；②认知—行为；③人本—存在；④家庭治疗；⑤整合/折中；⑥其他_____(请填写)。 (3) 从事心理咨询/治疗的小时数(含实习期，不含见习期)。 (4) 当前从事心理咨询/治疗的机构(可多选)：①学校；②医院；③企业；④部队；⑤政府救助或矫治机构；⑥心理健康专业服务机构或公司；⑦私人开业；⑧其他_____(请填写)。
活动/经历简介、分析与反思	从以下两项中选择一个撰写： (1) 简要描述近一年中自己参加的一次或一个专业继续教育活动(如培训、督导等)的主要信息，包括时间、地点、主题、主办机构、授课人等；解释参加该活动的原因，并阐述参加该活动对自己的专业实践所带来的影响。 (2) 简要描述近一年中与新的自我觉察有关的一段经历或一次活动；解释该经历或活动如何与自我觉察有关，并阐述如何将新的自我觉察应用到自己的专业实践之中。

(12) 案例报告：提供 1 份申请者本人从事的心理咨询/治疗案例 1 个(不一定已结案)。要求咨询/治疗的会谈次数在 8 次及以上；具有较完整的咨询/治疗过程(请注意对服务对象相关个人信息进行保护)。文档使用 A4 纸，正文采用宋体小四号，1.25 倍行距，全文字数不超过 15 000 字。具体写作要求如表 3.3 所示。

表 3.3　案例报告写作要求

报告结构	主要内容
基本信息	(1) 申请者本人信息：性别、年龄、主要理论取向(单选)(①心理动力学；②认知—行为；③人本—存在；④家庭治疗；⑤整合/折中；⑥其他_____[请填写])、从事心理咨询/治疗的小时数(含实习期，不含见习期)、当前从事心理咨询/治疗的机构(可多选)(①学校；②医院；③企业；④部队；⑤政府救助或矫治机构；⑥心理健康专业服务机构或公司；⑦私人开业；⑧其他_____[请填写])。 (2) 个案信息(包括人口统计学资料、主诉或求助问题、求助动机或目标、求助过程、以往咨询/治疗经历以及个案对此的评价、主要家庭成员及关系、成长经历、对个案的初始印象等)。 (3) 咨询/治疗信息(包括起止日期、会谈频率、会谈次数、是否接受过督导、是否接受药物治疗等)。

(续表)

报告结构	主要内容
个案概念化(含评估与诊断)	(1) 评估(包括确定评估目标、选择评估工具或方法、评估过程、结果及解释)。 (2) 诊断或工作诊断(包括诊断标准、诊断过程、诊断结果)【注：诊断仅限具有医师资格的申请者撰写。】 (3) 个案概念化(即依据专业理论对个案问题/症状/障碍的发生、发展做出解释)。
咨询/治疗方案	(1) 理论依据(即制定方案所依据的某个或某些专业理论)。 (2) 咨询/治疗目标(包括目标设置的过程、目标的分析与描述)。 (3) 咨询/治疗方法(包括方法的考虑或选择过程、实施设想)。 (4) 其他(如咨询/治疗次数、注意事项等，如无则不需要)。
咨询/治疗过程	(1) 进程(包括咨询/治疗不同阶段的重要事件或主题、焦点、互动、处理，以及咨询/治疗关系)。【注：不需按会谈顺序逐次介绍。】 (2) 其他(如会商、接受督导的简要情况等，如无则不需要)。
咨询/治疗效果	咨询/治疗的效果及其表现。
案例评价与反思	(1) 对咨询/治疗目标成败的思考与分析。 (2) 对咨询/治疗过程的评价与反思。 (3) 如果在咨询/治疗中产生了某个或某些新的自我觉察，请简要介绍与分析自己如何获得这个或这些自我觉察，并阐述如何将新的自我觉察应用到自己的专业实践之中。

(13) 会谈录音及逐字誊录稿。会谈录音与案例报告必须为同一个心理咨询/治疗案例，并声明会谈录音已获得服务对象知情同意(提交纸质版录音知情同意书1份)。从该案例的任意1次会谈中挑选一段时长为10～15分钟的录音，该段录音应是申请者本人满意的、能够反映出自己的最佳水平的。申请者需保证录音的真实性，不得排练，不得拼接剪辑；保证录音的质量，声音清晰可辨。逐字誊录稿需与该段录音一一对应，逐字稿开头需注明该段录音选自第几次会谈以及在该次会谈中具体的起止时间，并附上相关情况的简要说明以便评审专家理解该段录音。

(14) 材料递交要求：第(1)至(13)项的全部纸质材料由申请者整理完成后直接邮寄到注册系统秘书处。接收纸质版申请材料的时间每年两次，以寄出时间为准：第一次为4月1日～4月30日；第二次为10月1日～10月31日。

其他时间不接收申请材料。推荐信和推荐表可以由申请人收集后统一邮寄，或由推荐人本人亲自完成后直接邮寄给注册系统秘书组。邮寄资料请务必采用顺丰快递、邮政 EMS 快递，其他快递无法送至办公室，有丢失可能，请知悉。邮寄地址：

北京海淀区颐和园路 5 号北京大学哲学楼 113 室(邮编：100871)，注册系统秘书组(收)；电话：010-62766211。

其中，第(1)(2)(3)(11)(12)(13)项材料需同时提交电子版，申请者可直接发送到注册系统秘书处邮箱：xinlizhuce@chinacpb.org(请于截止日期前发送，以收到邮件回复确认申请资格)。第(1)(2)(4)(6)(7)(9)项材料中由中文双引号引出的文件，本系统提供模板，请申请者于注册系统官方网站或微信公众号下载。

2. 关于心理师评审材料的补充说明

自 2016 年起，注册心理师申报采用新版评审方案。现对方案中的三项申报材料(反思性实践报告、案例报告、会谈录音及逐字稿)的撰写要求补充说明如下。

(1) 反思性实践报告须隐去申请人本人的真实姓名，以及可能透露本人真实身份的有关信息。

反思性实践报告的两个评分维度是反思或觉察的内容与质量。因此，撰写报告时，对于引起自我反思或觉察的专业继续教育活动或经历的事实性信息，仅作简要介绍即可(事实性信息中与自我反思或觉察有密切关系者除外)；报告的着重点应放在个人的自我反思或觉察上——通常是个人成长或专业发展上的问题。

(2) 案例报告须隐去申请人本人的真实姓名，以及可能透露本人真实身份的有关信息。

申请人按照写作体例撰写报告，应尽可能包含写作体例所要求的全部内容。如果某部分内容事实上不存在，须说明原因或理由。例如，对于"个案概念化(含评估与诊断)"中的诊断或工作诊断，如果申请人实际是有诊断的，则具有医师资格的申请人以"诊断"为小标题撰写这部分内容，不具有医师资格的申请人则以"工作诊断"为小标题撰写;如果申请人实际是没有做诊断的,则应说明为什么没有做诊断(例如所属理论流派拒绝做诊断)。

若该案例曾接受过督导,在描述督导情况时应注意隐去督导师的真实姓名以及可能透露其真实身份的有关信息,仅简要介绍督导师的专业背景和资质。并且,案例报告中涉及的督导情况不能出现在反思性实践报告中(即本案例接受督导的自我反思或觉察不能作为反思性实践报告的内容)。

(3) 会谈录音及逐字誊录稿中不能出现申请人本人的真实姓名,以及可能透露本人真实身份的有关信息。

逐字稿的开始部分须注明该段录音选自第几次会谈以及在该次会谈中具体的起止时间,并附上其他有关情况的简要说明。内容与会谈录音一致,以咨询师和当事人谈话轮次为单位分段,顺序排列。

逐字稿仅实录会谈双方的反应,可以用加注括号的形式简要描述非言语互动,例如"(哭泣)""(长时间沉默)"等。除此之外,不要附加任何额外的东西(如批注分析、评价、反思等)。文档使用 A4 纸,小四号宋体,1.25 倍行距。

3. 注册助理心理师申请心理师注册登记

已经成为注册助理心理师的人员若想申请心理师注册登记,需达到《注册标准》中规定的助理心理师继续教育、实习和督导的相关条件,并有两名在本系统有效注册的督导师或心理师推荐。同时需提供以下合格材料供本系统注册工作组和伦理工作组审核(所有申请文件请提交中文版本,如提交文件为英文,请附中文对照翻译,外籍督导师需签署中、英文两个版本的督导证明)。

(1) "心理师注册申请表":电子版、纸质版各 1 份,纸质版需申请者亲笔签名。注册系统提供模板,请于注册系统官方网站或微信公众号下载。

(2) "咨询时数证明":自注册登记成为助理心理师以来从事心理咨询工作的有效证明,该证明须包括时间年限、地点、从事咨询累计小时数(指与来访者面对面咨询的小时数)。纸质版 1 份,并加盖所在机构公章。注册系统提供模板,请于注册系统官方网站或微信公众号下载。

(3)"受督导证明":自注册登记成为助理心理师以来接受督导的证明。纸质版 1 份,并由督导师亲笔签字,如非注册系统内督导师,请附督导师个人简介。注册系统提供模板,请于注册系统官方网站或微信公众号下载。

(4)案例报告/反思报告/10~15 分钟录音片段及文字誊录稿(附录音知情同意):电子版、纸质版各 1 份,请匿名处理,注明案例流派,具体要求见上文"2.关于心理师评审材料的补充说明"。

三、督导师

凡申请本系统注册督导师的人员需提供以下合格材料供本系统注册工作组和伦理工作组审核(所有申请文件请提交中文版本,如提交文件为英文,请附中文对照翻译,外籍督导师需签署中、英文两个版本的督导证明)。

(1) 填写"注册督导师申请信息收集表"。

(2) 填写"督导师注册申请表"1 份,纸质版需申请者亲笔签名。

(3) 申请者详细中文履历 1 份(必须包括教育背景、工作经历、与临床实践相关的培训情况、临床专业实践经历、工作成果与发表论文)。

(4)"职业伦理遵守声明"1 份,纸质版需申请者亲笔签名。

(5) 申请者最终学历和学位证书复印件各 1 份。

(6)"咨询时数证明":在获得本系统的临床或咨询心理师注册登记后,从事临床心理治疗或咨询实践小时数(与个案直接接触进行心理咨询或心理治疗的时间)累计不少于 1500 小时,并提供相关机构出具的证明(纸质版盖章原件)。

(7)"督导实习证明":提供参加督导实习的有效证明,内容包括实习地点、被督导对象的姓名及联系方式、从事督导实习累计小时数(需要提供上级督导师亲笔签名的对申请者从事督导工作的能力评估证明,从事督导实习时间不少于 120 小时,且督导实习工作被在本系统有效注册的督导师训练或督导时间不少于 60 小时的督导师签字证明),纸质版需上级督导师亲笔签字。

(8) 督导案例报告:申请者须提供连续工作 8 次或以上的同一个案例的个体督导报告(被督导者的个案可以是个体或集体治疗)。案例督导过程的录像 (15

分钟左右,请附 U 盘或发送网盘下载地址)。

(9) 继续教育课程证明:申请者曾参加的心理咨询与治疗专业领域继续教育课程或工作坊结业证明的复印件(包括在提出督导师注册申请前 5 年内,曾全程参加过以培养督导师为目标的继续教育或再培训项目不少于 60 学时,并参加临床与咨询心理学专业伦理培训项目累计不少于 24 学时)。

(10) 其他专业受训证明:其他可以证明申请者所受心理咨询与治疗专业领域教育的必要材料(申请者认为必要时提供)。

(11) 提供 2 份有两位在本系统有效注册的督导师亲笔签名的推荐信和相应的"督导师推荐表",纸质版需推荐人亲笔签字。【注:推荐信和推荐表需要同时提供,不能相互替代。】

【注:未申请注册心理师者请先申请注册心理师。】

(12) 材料递交要求:第(1)至(10)项的全部纸质材料由申请者整理完成后直接邮寄到注册系统秘书处。接收纸质版申请材料的时间每年两次,以寄出时间为准:第一次为 4 月 1 日~4 月 30 日;第二次为 10 月 1 日~10 月 31 日。其他时间不接收申请材料。第(11)项所列推荐信和推荐表可以由申请者收集后统一邮寄,或由推荐人本人亲自完成后直接邮寄给注册系统秘书组。邮寄资料请务必采用顺丰快递、邮政 EMS 快递,其他快递无法送至办公室,有丢失可能,请知悉。邮寄地址:

北京海淀区颐和园路 5 号北京大学哲学楼 113 室(邮编:100871),注册系统秘书组(收);电话:010-62766211。

其中,第(1)(2)(3)(8)项材料需同时提交电子版,申请者可直接发送到注册系统秘书处邮箱:xinlizhuce@chinacpb.org(请于截止日期前发送,以收到邮件回复确认申请资格)。

第(1)(2)(4)(6)(7)(11)项材料中由中文双引号引出的文件,本系统提供模板,请申请者于注册系统官方网站或微信公众号下载。

四、实习机构

依据《注册标准(第二版)》的要求，实习机构是使进入实习阶段的临床或咨询心理学专业的本科生、硕士生、博士生获得专业知识、专业技能和实践经验的临床心理学/咨询心理学/临床与咨询心理学专业机构。相关机构若要注册登记，须确保实习生实习期间的利益以及招募和培养实习生的非营利性，遵守《伦理守则(第二版)》并符合下列标准：《注册标准(第二版)》第 5 条临床与咨询心理学实习机构注册登记标准的所有条款。

实习机构注册登记需提交相关资料并达到特定要求，如表 3.4 所示。

表 3.4 实习机构注册登记所需材料

材料名称	具体要求
1. 中国心理学会临床与咨询心理学实习机构申请表	(1) 纸质版和电子版各 1 份；请于注册系统官方网站或微信公众号下载模板。 (2) 纸质版须机构负责人亲笔签名并加盖机构公章。
2. 申请机构简介	(1) 纸质版和电子版各 1 份。 (2) 内容包括机构概况、资质、发展历史、服务对象和内容、专业人员组成及资质等(应至少包括 1 名注册督导师的姓名、注册号，以及 2 名注册心理师的姓名、注册号等)。 【注：督导师可以为兼职，但是必须每两周在该机构进行一次个体督导或一次团体督导，并有完整督导记录，记录须包括督导时间与时长、被督导者亲笔签字等。】
3. 三方协议	实习机构、实习生及实习生所在学校院系三方签署的实习协议文件样式。纸质版和电子版各 1 份。
4. 临床心理咨询与心理治疗实习手册	(1) 纸质版和电子版各 1 份。 (2) 具体描述实习目标和内容，明确实习生的准入要求、工作量(如实习工作及接个案数量以及被个体督导和团体督导时数的要求)、实习考评环节(如对实习生的周记、评估以及最后的评价)和准出要求(如指导老师的评估、实习生个人实习总结要求等)。
5. 申请机构关于实习生从业伦理监控的必要制度或相关文件	纸质版和电子版各 1 份。

(续表)

材料名称	具体要求
6. 最近一年对实习生开展督导活动的记录	(1) 纸质版和电子版各 1 份。 (2) 包括督导师姓名、督导时间、督导地点、被督导人和督导师的签名记录等。
7. 最近一年实习生名单及其实习情况记录	(1) 纸质版和电子版各 1 份。 (2) 名单包括姓名、学历、咨询记录等。
8. 已结业实习生名单及其实习结业报告	(1) 纸质版和电子版各 1 份。 (2) 名单包括姓名、学历、联系方式、实习概况等。
9. 收费的明细以及相关文件	如有实习收费，需提交明细以及相关文件纸质复印件和电子版各 1 份。

所有材料均须首先提交电子版，以"实习机构注册申请"为主题发送至电子信箱 sxjgjxjy@chinacpb.org。督导记录、实习记录等可通过扫描或拍照的方式，用 pdf 格式或 jpg 格式存档后发送。待通过初审后再将纸质版材料以顺丰或 EMS 快递的方式提交注册系统秘书组。邮寄地址：

北京海淀区颐和园路 5 号北京大学哲学楼 113 室(邮编：100871)，注册系统秘书组(收)；电话：010-62766211。

其他注意事项：①首次申请实习机构注册登记的材料接收截止日期为每年 3 月 31 日；更新注册申请材料接收截止日期为 8 月 30 日。当年申请通过后，次年 1 月挂牌，首个注册期为 4 年。②申请机构若未通过该次注册申请，注册系统将给出回复，并对评审结果进行说明。具体申请流程请见图 3.1，实习机构更新注册流程见图 3.2。

3 注册登记相关文件

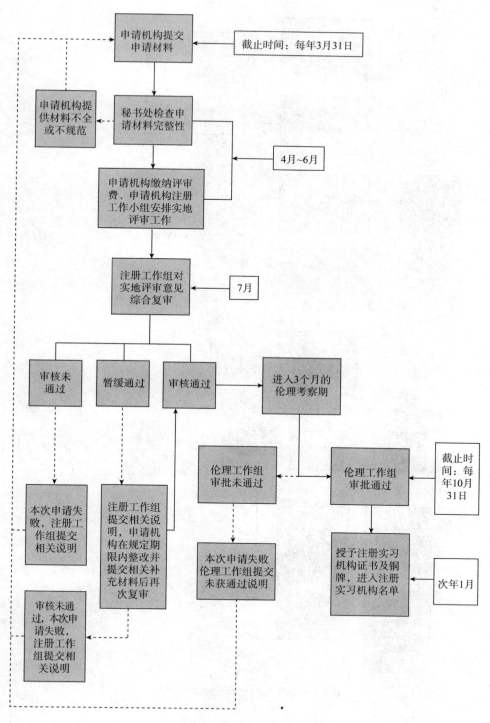

图 3.1 实习机构注册登记流程

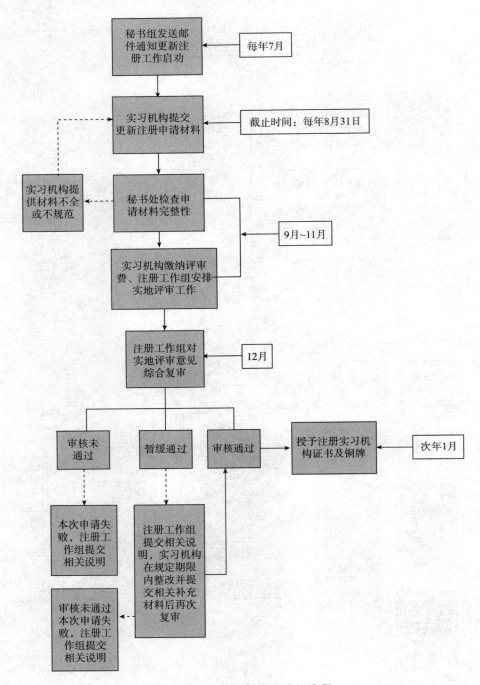

图 3.2　实习机构更新注册登记流程

五、继续教育项目

依据《注册标准(第二版)》有关要求及全体委员会会议讨论结果，注册继续教育或培训项目旨在使注册人员更新专业知识、提高专业理论和专业技能、提升自我觉察。培训项目若要实现注册登记，其负责人或机构(无论其所有制性质、是否是商业机构等)应确保该项目不以营利为目的，并符合下列标准。

1. 继续教育项目的申请要求

继续教育或培训项目的注册申请最好在培训举办前至少 2 个月提出，这样在审批通过后能够有足够的时间向本系统的注册人员进行宣传，扩大项目的影响力。申请项目需满足一些最基本的条件，包括：

(1) 伦理要求：培训项目在宣传、招生、实施过程中需遵守《伦理守则》以及临床心理学注册工作委员会的相应规定。

(2) 培训项目负责人需为注册系统注册督导师，且主要培训师是注册督导师或是受注册系统认可的团体和机构的专业人员。

(3) 培训项目应明确：①培训目的、大纲、教材和教学方式，培训大纲应符合相应要求；②内容科学性及伦理考量的说明；③培训师的背景与资质；④受训者准入标准；⑤培训质量监控和学员申诉机制说明；⑥受训者有效获知这些信息的途径。

(4) 培训项目应提供主办单位法人证书副本、项目非营利性承诺书，并提供培训预算、决算表以备审核。

(5) 网络或视/音频形式的培训项目，除需符合以上 4 条要求外，还需同时提供课程链接、学员联络方式及学习考核方案。

2. 继续教育项目申请注册材料提交要求

申请继续教育项目注册登记的机构，需提交如表 3.5 所示的材料并满足对应要求。

表 3.5　继续教育项目注册登记所需材料及要求

材料名称	具体要求
1. 继续教育或培训项目注册申请表	(1) 纸质版和电子版各 1 份。 (2) 纸质版含项目负责人亲笔签名。
2. 项目负责人详细中文履历	(1) 纸质版和电子版各 1 份。 (2) 需包含教育背景、工作经历、与临床实践相关的培训和实践经历、曾组织过的培训项目等。
3. 举办单位简介	(1) 纸质版和电子版各 1 份。 (2) 主办单位法人证书副本(扫描复印)。 (3) 项目非营利性承诺书。 (4) 项目预算、决算表。 (5) 需包含以前举办类似培训的经验情况。
4. 项目介绍文件	(1) 纸质版和电子版各 1 份。 (2) 项目背景、培训目的和性质,可证明科学性的循证支持依据、参考文献。 (3) 培训的教材清单、教学方式、项目时间设置和师资安排。 (4) 培训所含课程的大纲和相关内容介绍(包含规范、有序的培训计划或流程,并清楚标明培训小时数、重点内容和主要目的)。 (5) 质量监控措施(如打卡、作业等)及学员申诉机制。 (6) 受训者准入标准。 (7) 培训过程中涉及专业伦理问题时的应对和保护策略与方法。 (8) 受训者有效获得相关信息的途径。
5. 网络或视/音频形式培训项目需提供的额外材料	(1) 纸质版和电子版各 1 份。 (2) 提供与培训目标和大纲内容一致的网络课程链接地址,及相关技术说明文件。文件要明确课程目的,课程的稳定在线时间不低于该项目的最大持续时间。全部学员所在地能有效且稳定地获得与课程相关的全部网络链接、有效播放视/音频学习材料。 (3) 培训项目应定期或于项目结束后提供学员信息,包括学员姓名、所在地、有效联系方式(居住地址、邮编、电子信箱、手机号),以便注册工作组和秘书组收集和调查培训质量信息。 (4) 提供科学的学习质量考核或测试方案。
6. 项目招生简章	(1) 纸质版和电子版各 1 份。 (2) 纸质版招生简章原件(需盖章,可使用电子章)。 (3) 明确招生人数和项目价格。
7. 培训师资简历	(1) 纸质版和电子版各 1 份。 (2) 项目所有培训师的名单和个人简历(背景与资质)。

(续表)

材料名称	具体要求
8. 项目结业证书	(1) 纸质版和电子版各 1 份。 (2) 项目结业证书样本原件。
9. 材料提交要求	(1) 所有材料需首先提交电子版,发送至 sxjgjxjy@chinacpb.org。 (2) 招生简章和结业证书可通过扫描或拍照的方式,以 pdf 格式或 jpg 格式存档后发送。通过初审后再将纸质版材料以顺丰快递或中国邮政 EMS 寄给注册系统秘书组。 邮寄地址:北京海淀区颐和园路 5 号哲学楼 113(邮编: 100871),注册系统秘书组(收)。联系电话: 010-62766211, 电子信箱:sxjgjxjy@chinacpb.org。

3. 其他说明

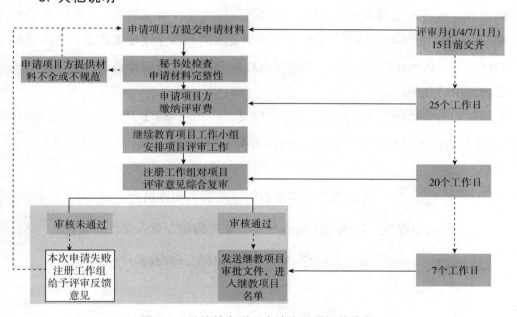

图 3.3 继续教育项目申请注册登记的流程

(1) 继续教育项目的注册登记流程见图 3.3。项目评审每年进行 4 次,分别在 1 月、4 月、7 月、11 月下旬,提交材料截止日期为当月 15 日,过期将顺延至下一评审周期。如需安排招生等事宜,请提前预留出提交及调整材料的时间。

(2) 提交申请材料的同时要交纳审核费:每个项目每次 500 元。

(3) 注册工作组和伦理工作组保留进一步要求申请方提供其他材料以进一

步评估培训质量等事项的权利。

(4) 注册工作组和伦理工作组将依据相关注册标准进行审核和投票,材料齐全并不意味着一定会通过审核。

(5) 对于未通过的项目,注册系统将给出回复并对为何做出该决定进行说明。

§3 申请制注册助理心理师、心理师申请细则与指南(试行)

根据国家心理健康服务体系建设的发展规划,为了满足大众对心理健康服务人员的需求,促进具有胜任力的心理咨询、心理治疗从业人员加入注册系统,中国心理学会临床心理学注册工作委员会(注册系统)在原有申请人通过提交案例的评审制进入注册系统的同时,开启新的进入注册系统的途径,在《注册标准(第二版)》的基础上制定了《中国心理学会临床心理学注册工作委员会申请制心理师申请条例(试行)》《中国心理学会临床心理学注册工作委员会申请制助理心理师申请条例(试行)》。

申请制申请细则于 2018 年 9 月 1 日发布,2018 年 11 月 1 日至 2018 年 12 月 31 日为注册系统第一次接收申请制申请材料的起止日期。

中国心理学会临床心理学注册工作委员会
中国心理学会临床与咨询心理学专业机构和专业人员注册系统
申请制注册助理心理师申请细则与指南(试行)

一、目　标

依据《中国心理学会临床与咨询心理学专业机构和专业人员注册标准(第二版)》有关要求,制定《申请制注册助理心理师申请细则与指南(试行)》。

二、助理心理师候选人的申请要求

1. 伦理要求(必须具备)

申请前无违法犯罪记录、无违反职业伦理守则的行为,在申请时没有因职业伦理问题正陷入纠纷,且在每年的申请截止日(6 月 30 日或 12 月 31 日)前 3 年内参加过注册系统认可的临床与咨询心理学相关职业伦理课程学习不低于 16 学时(1 学分)。

2. 学位或资质(须具备以下要求之一)

2.1 学位

依据《注册标准(第二版)》第 6.2 条:

获得教育部认可的心理学、医学、教育学、社会工作专业硕士或博士学位 1 年以后。

2.2 职业资格

依据《注册标准(第二版)》第 6.3 和 6.4 条:

(1) 已获得心理治疗、精神医学、临床/医学心理学中级及以上职称满 1 年;

或(2) 获得教育部承认的心理学、医学、教育学、社会工作专业本科学士学位及以上学位并具有人力资源和社会保障部二级心理咨询师或民政部社会工作师中级(或高级)资格满 2 年。

【注:不符合 2.1 或 2.2 任何一项要求者可通过评审制途径申请进入注册系统。】

3. 学历教育课程要求(须具备以下要求之一)

依据《注册标准(第二版)》第 2.6、2.7 或 3.6、3.7 或 4.6 条,标准制定工作组确定对申请制申请者的专业学历教育课程最低要求如下:

3.1 本科课程

《注册标准(第二版)》2.6 a～m 所规定的核心课程及学分(必修课):人格心理学、发展心理学、变态或异常心理学、社会心理学;以及《注册标准(第二版)》2.7 a～d 所规定的核心课程及学分(临床模块必修课):心理咨询与治疗的理论与实务、心理评估与会谈。

3.2 硕士研究生课程

《注册标准(第二版)》3.6 a～d 所规定的核心课程及学分(必修课)：科学和专业的道德伦理准则、心理病理学或精神病学相关课程)；以及《注册标准(第二版)》3.7 a～g 所规定的核心课程及学分(临床或咨询的必修课)：心理评估与诊断的理论与实务、心理咨询与治疗的理论与实务(含会谈技巧)、不同取向的心理咨询与治疗实务类课程。

3.3 博士研究生课程(评审标准参照硕士研究生课程)

《注册标准(第二版)》4.6 a～e 所规定的核心课程及学分(参考 3.6、3.7)。

【注：若申请者所在学校开设的课程名称不同，相关课程内容注册工作组将依据相应标准对这些课程进行个别审定；若申请者相应的学历教育课程不足以满足以上最低要求，可以提供有关继续教育课程结业证明和有关课程内容大纲、学时等信息作为必要的补充，注册工作组将依据相应标准对这些课程进行个别审定。】

4. 临床实践要求(其中 4.1 与 4.2 满足任何一条即可，4.3 必须满足)

4.1 获得相关学位者(依据《注册标准(第二版)》第 6.2.2 条)

直接在有效注册督导师的监督管理下从事个别、团体、家庭等咨询或治疗的时间累计不少于 250 小时，且接受有效注册督导师的督导累计超过 100 小时(其中个体督导不少于 30 小时)。

【注："监督管理"是指督导师对被督导者在接受其督导或临床实习期间的实践个案进行必要的伦理监管和质量控制(包括危重个案的管理)，督导师对被督导者在实习期间或接受督导期间的个案咨询或治疗承担相应责任。】

4.2 获得相关职业资格者(依据《注册标准(第二版)》第 6.3 条)

在有效注册的督导师监督管理下个别、团体、家庭等咨询或治疗的时间超过 200 小时(且实践时间不少于一年)；

或在有效注册的心理师监督管理下个别、团体、家庭等咨询或治疗的时间超过 400 小时(且实践时间不少于两年)；

或接受注册系统认可的培训项目超过 100 小时，且在二级甲等以上医院心理科或精神专科医院、或省级以上高校心理咨询中心、或在获得注册系统认

可的实习机构单位内实践小时数超过 400 小时(且实践时间不少于一年);

或在二级甲等以上医院心理科或精神专科医院、或省级及省级以上的高校心理咨询中心、或在获得注册系统认可的实习机构单位内实践小时数超过 800 小时(且实践时间不少于两年)。

4.3 特别要求(必须满足)

除了需要满足上述所规定相关时间与受督导小时数外,要求申请者至少有一个个案连续被个体督导 6 次或 6 次以上(督导师提供证明),且该督导师是在注册系统有效注册的督导师(若不是有效注册的督导师提供的督导小时数证明,需由注册工作组进行个别认定)。

三、申请制助理心理师材料提交要求

通过申请制申请助理心理师注册登记的人员需提供以下材料,如表 3.6 所示。

表 3.6　申请制注册助理心理师需提交的材料清单

材料名称	具体要求	《注册标准(第二版)》对应条款
1. 中文履历	纸质版和电子版各 1 份。	6.3
2. 注册助理心理师申请表	(1) 从注册系统官方网站或微信公众号下载。 (2) 纸质版和电子版各 1 份。	6.3
3. 职业伦理遵守声明	(1) 从注册系统官方网站或微信公众号下载。 (2) 须申请者本人亲笔签名。 (3) 纸质版 1 份。	6.2
4. 最终学历和学位证书	(1) 复印件 1 份。 (2) 原件电子版照片 1 份。	6.3
5. 心理咨询师证书、社会工作师证书	若有,则提供: (1) 复印件 1 份。 (2) 原件电子版照片 1 份。	6.3 6.4

(续表)

材料名称	具体要求	《注册标准(第二版)》对应条款
6. 大学和/或研究生学历教育期间的专业课程选修证明(所在学校教务处盖章)	若某些课程名称不符合或与注册标准相关规定不一致,其授课内容大纲将在审核工作小组需要时依要求提供。	2.6 与 2.7 3.6 与 3.7 4.6
7. 非学历教育/受训证明	申请者曾参加的心理咨询与治疗专业继续教育课程或工作坊等结业证明的复印件。须包括培训的课时、培训的内容大纲(若该项目已经是注册系统认可的继续教育项目须注明)。	6.4 6.6
8. 咨询或治疗的实习与实践证明	(1) 申请者在督导师(督导师须在注册系统有效注册,或被注册系统认可;下同)的督导下参加心理咨询/治疗实习,以及实践的有效证明;该证明须包括实习或实践时间和地点、从事实习累计小时数;实习或实践小时数是指申请者与服务对象(如来访者/当事人/咨客/病人等)面对面咨询或治疗的实际小时数(一次常规的个别会谈按 1 小时计,其他情况参考此标准计量);该证明需要督导师亲笔签名(注册督导师须附上注册号)或加盖实习、实践单位公章。 (2) 如果不能提供上述证明,则申请者须提供能证明自己参加过心理咨询或治疗实习、实践(并不是正式从事心理咨询/治疗专业实践)的其他有效材料(其有效性由注册系统单独评估)。 (3) 纸质版 1 份(如果是多个实习、实践机构出具的证明,可以是多个证明的纸质版原件各 1 份)。	6.3 6.4

材料名称	具体要求	《注册标准（第二版）》对应条款
9. 接受督导的证明	(1) 申请者在实习以及心理咨询/治疗的专业实践中接受在注册系统有效注册的督导师正式的团体督导、个体督导的证明，除了需要满足相关小时数要求外，申请者需至少有一个个案连续被个体督导6次或6次以上。 (2) 督导师提供对申请者的从业能力的评价。 (3) 督导师对所做督导工作真实、有责的声明。 (4) 表格式样从注册系统官方网站或微信公众号下载。 (5) 纸质版1份(如果是多位督导师出具的证明，可以是多个证明的纸质版原件各1份)。 (6) 如为一对一个别督导，督导师亲自填写并亲自封印信封(封口处签字)。 (7) 如果只是团体督导，督导师只填写督导时数并签字即可。 【注：若发现注册督导师存在不实填写情况，将交由伦理工作组委员会依据相关规定和程序进行伦理调查。】	6.3 6.4
10. 伦理培训证明	注册系统认可的伦理培训，满足下列条件之一即可： (1) 注册系统举办的或注册系统督导点举办的伦理培训。 (2) 伦理培训是通过注册系统审批的继续教育项目。 (3) 学历教育中的伦理培训，需提供教师姓名、	6.1

(续表)

材料名称	具体要求	《注册标准(第二版)》对应条款
	学校、教学大纲,由注册系统伦理工作组审核确认。 (4) 不符合上述(1)至(3)条且由注册系统注册人员承担的伦理培训,需提供任课教师的资质、培训机构资质介绍、教学大纲(培训机构盖章或教师签字,申请人一并提交),由伦理工作组审核确认。 (5) 由我国港、澳、台地区及国外人员组织承担的伦理培训,需提供教师姓名、培训机构资质介绍、教学大纲(培训机构盖章或教师签字,申请人一并提交),由伦理工作组审核确认。 【注:其他未尽事宜,由伦理工作组单独讨论审核确认。伦理培训证明应达到16学时,每学时以45分钟计算。】	6.1
11. 推荐表	(1) 从注册系统官方网站或微信公众号下载。 (2) 2份,由两名注册心理师或督导师作为推荐人,亲自填写完成推荐表并签名后,签名封存,直接邮寄到注册系统秘书处。	6.3
12. 已经发表的学术或专业论文/著述(非必须)	申请人须是第一作者或通讯作者。	6.6
13. 其他材料(非必须)	相关专业资质证书(如心理治疗师证书、其他国家或地区的专业资格或能力水平证书等)。	6.4

中国心理学会临床心理学注册工作委员会
中国心理学会临床与咨询心理学专业机构和专业人员注册系统
申请制注册心理师申请细则与指南(试行)

一、目标

依据《中国心理学会临床与咨询心理学专业机构和专业人员注册标准(第二版)》有关要求，制定《申请制注册心理师申请细则与指南(试行)》。

二、心理师候选人的申请要求

1. 伦理要求(必须具备)

申请前无违法犯罪记录、无违反职业伦理守则的行为，在申请时没有因职业伦理问题正陷入纠纷，且每年的申请截止日(6月30日或12月31日)前3年内参加过注册系统认可的临床与咨询心理学相关职业伦理课程学习不低于16学时(1学分)。

2. 学位或资质(须具备以下要求之一)

(1)在1999年12月31日以前获得教育部认可的心理学、医学、教育学、社会工作专业本科学士学位；

或(2)获得教育部认可的心理学、医学、教育学、社会工作专业硕士或博士学位；

或(3)已获中国心理学会临床与咨询心理学注册助理心理师资格不少于3年，具有学士及以上学位；

或(4)已获中国心理学会临床与咨询心理学注册助理心理师资格不少于6年(连续两个有效注册期)。

【注：不符合以上任何一项要求者可通过评审制途径进入注册系统。】

3. 学历教育课程要求(须具备以下要求之一)

依据《注册标准(第二版)》2.6、2.7或3.6、3.7或4.6条，标准制定工作组确定对申请制申请者的专业学历教育课程最低要求如下：

3.1 本科课程

《注册标准(第二版)》2.6 a～m 所规定的核心课程及学分(必修课)：人格心理学、发展心理学、变态或异常心理学、社会心理学；以及《注册标准(第二版)》2.7 a～d 所规定的核心课程及学分(临床模块必修课)：心理咨询与治疗的理论与实务、心理评估与会谈。

3.2 硕士研究生课程

《注册标准(第二版)》3.6 a～d 所规定的核心课程及学分(必修课)：科学和专业的道德伦理准则、心理病理学或精神病学相关课程；以及《注册标准(第二版)》3.7 a～g 所规定的核心课程及学分(临床模块必修课)：心理评估与诊断的理论与实务、心理咨询与治疗的理论与实务(含会谈技巧)、不同取向的心理咨询与治疗实务类课程。

3.3 博士研究生课程(评审标准参照硕士研究生课程)

《注册标准(第二版)》4.6 a～e 所规定的核心课程及学分(参考 3.6、3.7)。

【注：若申请者所在学校开设的课程名称不同，注册工作组将依据相应标准对这些课程进行个别审定；若申请者相应的学历教育课程不足以满足以上最低要求，可以提供相关继续教育课程结业证明和相关课程内容大纲、学时等信息作为必要的补充，注册工作组将依据相应标准对这些课程进行个别审定。】

4. 临床实践要求(其中 4.1 与 4.2 满足任何一条要求即可，4.3 必须满足)

4.1 获得相关学位者

直接在有效注册督导师的监督管理下从事个别、团体、家庭等咨询或治疗的时间不少于 250 小时；接受有效注册督导师的个体督导不少于 50 小时；接受有效注册督导师的团体体督导不少于 50 小时，其中申请者本人呈报的个案被督导小时数不少于 5 小时。

【注："监督管理"是指督导师对被督导者在接受其督导或临床实习期间的实践个案进行必要的伦理监管和质量控制(包括危重个案的管理)，督导师对被督导者在实习期间或接受督导期间的个案咨询或治疗承担相应责任。】

4.2 获得注册助理心理师资格者

满足《注册标准(第二版)》6.6 对继续教育学时要求(接受专业培训时间不少于 40 学时/年，一个注册期内不少于 120 学时，其中伦理学习不少于 16 学时；接受注册心理师同辈督导不少于 100 小时/年，或接受注册督导师的个体督导不少于 30 小时/年，或接受注册督导师的团体督导不少于 60 小时/年)。

4.3 特别要求(必须满足)

除了需要满足上述所规定相关实践与受督导小时数外，要求申请者至少有一个个案连续被个体督导 8 次或 8 次以上(督导师提供证明)，且该督导师是在注册系统有效注册的督导师(若不是有效注册的督导师，需由注册工作组进行个别认定)。

三、注册心理师申请制材料提交要求

通过申请制申请心理师注册登记的人员需提供以下材料，如表 3.7 所示。

表 3.7 申请制注册心理师需提交的材料清单

材料名称	具体要求	《注册标准(第二版)》对应条款
1. 中文履历	纸质版和电子版各 1 份。	7.2 7.3
2. 注册心理师申请表	(1) 从注册系统官方网站或微信公众号下载。 (2) 纸质版和电子版各 1 份。	7.2 7.3
3. 职业伦理遵守声明	(1) 从注册系统官方网站或微信公众号下载。 (2) 纸质版 1 份，须申请者本人亲笔签名。	7.1
4. 最终学历和学位证书	(1) 复印件 1 份。 (2) 原件电子版照片 1 份。	7.2 7.3
5. 大学和/或研究生学历教育期间的专业课程选修证明(所在学校教务处盖章)	若某些课程名称不符合或与注册标准相关规定不一致，其授课内容/大纲将在审核工作小组需要时依要求提供。	2.6 与 2.7 3.6 与 3.7 4.6

(续表)

材料名称	具体要求	《注册标准(第二版)》对应条款
6. 非学历教育/受训证明	申请者曾参加的心理咨询与治疗专业继续教育课程或工作坊等结业证明的复印件(须包括培训的课时、培训的内容大纲;若该项目已经是注册系统认可的继续教育项目须注明)。	7.4 7.8
7. 咨询或治疗的实习、实践证明	(1) 申请者在督导师(督导师须在注册系统有效注册,或被注册系统认可;下同)的督导下参加心理咨询/治疗实习,以及实践的有效证明。该证明须包括实习/实践时间和地点、从事实习/实践累计小时数(不少于 150 小时);实习/实践小时数是指申请者与服务对象(如来访者/当事人/咨客/病人等)面对面咨询或治疗的实际小时数(一次常规的个别会谈按 1 小时计,其他情况参考此标准计算);接受个别督导的小时数不少于 50 小时,集体督导不少于 50 小时。该证明需要督导师亲笔签名(注册督导师须附上注册号)或加盖实习/实践单位公章。 (2) 如果不能提供上述证明,则申请者须提供能证明自己参加过心理咨询或治疗实习、实践(并不是正式从事心理咨询/治疗专业实践)的其他有效材料。 (3) 纸质版 1 份,如果是多个实习、实践机构出具的证明,可以是多个证明的纸质版原件各 1 份。	7.3 7.4 7.5 7.7
8. 接受督导的证明	(1) 申请者在实习以及心理咨询/治疗的专业实践中接受注册督导师正式的团体督导、个体督导的证明。除了需要满足相关小时数要求外,申请者需至少有一个个案连续被个体督导 8 次或 8 次以上。	7.3 7.4 7.5 7.7

3　注册登记相关文件　　　　　　　　　　117

(续表)

材料名称	具体要求	《注册标准(第二版)》对应条款
	(2) 督导师提供对申请者的从业能力的评价。 (3) 督导师对所做督导工作真实、负责的声明。 (4) 模板从注册系统官方网站或微信公众号下载。 (5) 纸质版 1 份,如果是多位督导师出具的证明,可以是多个证明的纸质版原件各 1 份。 (6) 若为一对一个别督导,须督导师亲自填写并亲自封印信封(封口处签字)。 (7) 如果只是团体督导,督导师填写督导时数并签字即可。 【注:若发现注册督导师存在不实填写情况,将交由伦理工作组依据相关规定和程序进行伦理调查。】	7.3 7.4 7.5 7.7
9. 伦理培训证明	注册系统认可的伦理培训,满足下列条件之一即可: (1) 注册系统举办的或注册系统督导点举办的伦理培训。 (2) 伦理培训是通过注册系统审批的继续教育项目。 (3) 学历教育中的伦理培训,需提供教师姓名、学校、教学大纲(培训机构盖章或教师签字,申请人一并提交),由伦理工作组审核确认。 (4) 不符合上述(1)至(3)条且由注册系统注册人员承担的伦理培训,需提供任课教师的资质、培训机构资质介绍、教学大纲(培训机构盖章或教师签字,由申请人一并提交),由伦理工作组审核确认。	7.1

(续表)

材料名称	具体要求	《注册标准(第二版)》对应条款
	(5) 由我国港、澳、台地区及国外人员组织承担的伦理培训，需提供教师姓名、培训机构资质介绍、教学大纲，由伦理工作组审核确认。 【注：其他未尽事宜，由伦理工作组单独讨论审核确认；伦理培训证明应达到 16 学时，每学时以 45 分钟计算。】	7.1
10. 推荐表	(1) 从注册系统官方网站或微信公众号下载。 (2) 2 份，由两位督导师作为推荐人，亲自填写完成推荐表并签名后，签名封存，直接邮寄到注册系统秘书处。	7.2 7.3
11. 其他材料 (非必须)	相关专业资质证书(如已获注册的助理心理师的注册证书复印件、心理治疗师证书、其他国家或地区的专业资格或能力水平证书等)。	7.7

伦理相关文件

§1 伦理守则

中国心理学会

临床与咨询心理学工作伦理守则(第一版)*

(起止日期为 2007 年至 2018 年 7 月 1 日)

中国心理学会(以下简称"本学会")制定的临床与咨询工作伦理守则(以下简称"本守则"),是本学会根据中华人民共和国民政部《社会团体登记管理条例》和其他国家相关法律、法规,授权中国心理学会临床与咨询心理学专业机构和专业人员注册系统标准制定工作组(以下简称"制定工作组")在广泛征集有关专业人士的意见后制定的。制定本守则的目的是让心理师、寻求专业服务者以及广大民众了解心理治疗与心理咨询工作专业伦理的核心理念和专业责任,并借此保证和提升心理治疗与心理咨询专业服务的水准,保障寻求专业服务者和心理师的权益,增进民众的心理健康、幸福和安宁,促进和谐社会的发展。本守则亦作为本学会临床与咨询心理学注册心理师的专业伦理规范以及本学会处理有关临床与咨询心理学专业伦理申诉的主要依据和工作基础。

总则

善行: 心理师工作目的是使寻求专业服务者从其提供的专业服务中获益。心理师应保障寻求专业服务者的权利,努力使其得到适当的服务并避免伤害。

责任: 心理师在工作中应保持其专业服务的最高水准,对自己的行为承担

---

* 转引自:中国心理学会. 中国心理学会临床与咨询心理学工作伦理守则(第一版). 心理学报, 2007, 39(5): 947-950.

责任。认清自己专业的、伦理及法律的责任，维护专业信誉。

诚信：心理师在临床实践活动、研究和教学工作中，应努力保持其行为的诚实性和真实性。

公正：心理师应公平、公正地对待自己的专业工作及其他人员。心理师应采取谨慎的态度防止自己潜在的偏见、能力局限、技术的限制等导致的不适当行为。

尊重：心理师应尊重每一个人，尊重个人的隐私权、保密性和自我决定的权利。

1. 专业关系

心理师应尊重寻求专业服务者，按照专业的伦理规范与寻求专业服务者建立良好的专业工作关系，这种工作关系应以促进寻求专业服务者的成长和发展，从而增进其自身的利益和福祉为目的。

1.1 心理师不得因寻求专业服务者的年龄、性别、种族、性取向、宗教和政治信仰、文化、身体状况、社会经济状况等任何方面的因素歧视对方。

1.2 心理师应尊重寻求专业服务者的知情同意权。在临床服务工作开始时和工作过程中，心理师应首先让对方了解专业服务工作的目的、专业关系、相关技术、工作过程、专业工作可能的局限性、工作中可能涉及的第三方的权益、隐私权、可能的危害以及专业服务可能带来的利益等相关信息。

1.3 心理师应依照当地政府要求或本单位的规定恰当收取专业服务的费用。心理师在进入专业性工作关系之前，要对寻求专业服务者清楚地介绍和解释其服务收费的情况。不允许心理师以收受实物、获得劳务服务或其他方式作为其专业服务的回报，因为它们有引起冲突、剥削、破坏专业关系等潜在的危险。

1.4 心理师要明了自己对寻求专业服务者的影响力，尽可能防止损害信任和引起依赖的情况发生。

1.5 心理师应尊重寻求专业服务者的价值观，不代替对方做出重要决定，或强制其接受自己的价值观。

1.6 心理师应清楚地认识自身所处位置对寻求专业服务者的潜在影响，不得利用对方对自己的信任或依赖利用对方，或者借此为自己或第三方谋取利益。

1.7 心理师要清楚地了解双重关系(例如与寻求专业服务者发展家庭的、社交的、经济的、商业的或者亲密的个人关系)对专业判断力的不利影响及其伤害寻求专业服务者的潜在危险性，避免与寻求专业服务者发生双重关系。在双重关系不可避免时，应采取一些专业上的预防措施，例如签署正式的知情同意书、寻求专业督导、做好相关文件的记录，以确保双重关系不会损害自己的判断并且不会对寻求专业服务者造成危害。

1.8 心理师不得与当前寻求专业服务者发生任何形式的性和亲密关系，也不得给有过性和亲密关系的人做心理咨询或治疗。一旦业已建立的专业关系超越了专业界限(例如发展了性关系或恋爱关系)，应立即终止专业关系并采取适当措施(例如寻求督导或同行的建议)。

1.9 心理师在与某个寻求专业服务者结束心理咨询或治疗关系后，至少三年内不得与该寻求专业服务者发生任何亲密或性关系。在三年后如果发生此类关系，要仔细考察关系的性质，确保此关系不存在任何剥削的可能性，同时要有合法的书面记录备案。

1.10 心理师在进行心理咨询与治疗工作中不得随意中断工作。在心理师出差、休假或临时离开工作地点外出时，要对已经开始的心理咨询或治疗工作进行适当的安排。

1.11 心理师认为自己已不适合对某个寻求专业服务者进行工作时，应向对方明确说明，并本着为对方负责的态度将其转介给另一位合适的心理师或医师。

1.12 在专业工作中，心理师应相互了解和相互尊重，应与同行建立一种积极合作的工作关系，以提高对寻求专业服务者的服务水平。

1.13 心理师应尊重其他专业人员，应与相关专业人员建立一种积极合作的工作关系，以提高对寻求专业服务者的服务水平。

2. 隐私权与保密性

心理师有责任保护寻求专业服务者的隐私权，同时认识到隐私权在内容和范围上受到国家法律和专业伦理规范的保护和约束。

2.1 心理师在心理咨询与治疗工作中，有责任向寻求专业服务者说明工作的保密原则，以及这一原则应用的限度。在家庭治疗、团体咨询或治疗开始时，应首先在咨询或治疗团体中确立保密原则。

  2.2 心理师应清楚地了解保密原则的应用有其限度，下列情况为保密原则的例外：(1)心理师发现寻求专业服务者有伤害自身或伤害他人的严重危险时。(2)寻求专业服务者有致命的传染性疾病等且可能危及他人时。(3)未成年人在受到性侵犯或虐待时。(4)法律规定需要披露时。

  2.3 在遇到 2.2 中的(1)(2)和(3)的情况时，心理师有向对方合法监护人或可确认的第三者预警的责任；在遇到 2.2 中(4)的情况时，心理师有遵循法律规定的义务，但须要求法庭及相关人员出示合法的书面要求，并要求法庭及相关人员确保此种披露不会对临床专业关系带来直接损害或潜在危害。

  2.4 心理师只有在得到寻求专业服务者书面同意的情况下，才能对心理咨询或治疗过程进行录音、录像或演示。

  2.5 心理师专业服务工作的有关信息包括个案记录、测验资料、信件、录音、录像和其他资料，均属于专业信息，应在严格保密的情况下进行保存，仅经过授权的心理师可以接触这类资料。

  2.6 心理师因专业工作需要对心理咨询或治疗的案例进行讨论，或采用案例进行教学、科研、写作等工作时，应隐去那些可能会据此辨认出寻求专业服务者的有关信息(得到寻求专业服务者书面许可的情况例外)。

  2.7 心理师在演示寻求专业服务者的录音或录像，或发表其完整的案例前，需得到对方的书面同意。

3. 职业责任

  心理师应遵守国家的法律法规，遵守专业伦理规范。同时，努力以开放、诚实和准确的沟通方式进行工作。心理师所从事的专业工作应基于科学的研究和发现，在专业界限和个人能力范围之内，以负责任的态度进行工作。心理师应不断更新并发展专业知识、积极参与自我保健的活动，促进个人在生理上、社会适应上和心理上的健康以更好地满足专业责任的需要。

  3.1 心理师应在自己专业能力范围内，根据自己所接受的教育、培训和督导的经历和工作经验，为不同人群提供适宜而有效的专业服务。

3.2 心理师应充分认识到继续教育的意义，在专业工作领域内保持对当前学科和专业信息的了解，保持对所用技能的掌握和对新知识的开放态度。

3.3 心理师应保持对于自身职业能力的关注，在必要时采取适当步骤寻求专业督导的帮助。在缺乏专业督导时，应尽量寻求同行的专业帮助。

3.4 心理师应关注自我保健，当意识到个人的生理或心理问题可能会对寻求专业服务者造成伤害时，应寻求督导或其他专业人员的帮助。心理师应警惕自己的问题对服务对象造成伤害的可能性，必要时应限制、中断或终止临床专业服务。

3.5 心理师在工作中需要介绍自己情况时，应实事求是地说明自己的专业资历、学位、专业资格证书等情况；在需要进行广告宣传或描述其服务内容时，应以确切的方式表述其专业资格。心理师不得贬低其他专业人员，不得以虚假、误导、欺瞒的方式对自己或自己的工作部门进行宣传，更不能进行诈骗。

3.6 心理师不得利用专业地位获取私利，如个人或所属家庭成员的利益、性利益、不平等交易财物和服务等。也不得利用心理咨询与治疗、教学、培训、督导的关系获取合理报酬之外的利益。

3.7 当心理师需要向第三方(例如法庭、保险公司等)报告自己的专业工作时，应采取诚实、客观的态度准确地描述自己的工作。

3.8 当心理师通过公众媒体(如讲座、演示、电台、电视、报纸、印刷物品、网络等)从事专业活动，或以专业身份提供劝导和评论时，应注意自己的言论要基于恰当的专业文献和实践，尊重事实，注意自己的言行应遵循专业伦理规范。

4. 心理测量与评估

心理师应正确理解心理测量与评估手段在临床服务工作中的意义和作用，并恰当使用。心理师在使用心理测量与评估过程中应考虑被测量者或被评估者的个人和文化背景。心理师应通过发展和使用恰当的教育、心理和职业测量工具来促进寻求专业服务者的福祉。

4.1 心理测量与评估的目的在于促进寻求专业服务者的福祉，心理师不得滥用测量或评估手段以牟利。

4.2 心理师应在接受过心理测量的相关培训，对某特定测量和评估方法有适当的专业知识和技能之后,方可实施该测量或评估工作。

4.3 心理师应尊重寻求专业服务者对测量与评估结果进行了解和获得解释的权利,在实施测量或评估之后,应对测量或评估结果给予准确、客观、可以被对方理解的解释,努力避免其对测量或评估结果的误解。

4.4 心理师在利用某测验或使用测量工具进行记分、解释时,或使用评估技术、访谈或其他测量工具时,须采用已经建立并证实了信度、效度的测量工具,如果没有可靠的信度、效度数据,需要对测验结果及解释的说服力和局限性做出说明。心理师不能仅仅依据心理测量的结果做出心理诊断。

4.5 心理师有责任维护心理测验材料(指测验手册、测量工具、协议和测验项目)和其他测量工具的完整性和安全性,不得向非专业人员泄漏相关测验的内容。

4.6 心理师应运用科学程序与专业知识进行测验的编制、标准化、信度和效度检验,力求避免偏差,并提供完善的使用说明。

5. 教学、培训和督导

心理师应努力发展有意义的和值得尊重的专业关系,对教学、培训和督导持真诚、认真、负责的态度。

5.1 心理师从事教学、培训和督导工作的目的是:促进学生、被培训者或被督导者的个人及专业的成长和发展,以增进其福祉。

5.2 从事教学、培训和督导工作的心理师应熟悉本专业的伦理规范,并提醒学生及被督导者注意自己应负的专业伦理责任。

5.3 负责教学及培训的心理师应在课程设置和计划上采取适当的措施,确保教学及培训能够提供适当的知识和实践训练,满足教学目标的要求或颁发合格证书等的要求。

5.4 担任督导师的心理师应向被督导者说明督导的目的、过程、评估方式及标准。告知督导过程中出现紧急情况、中断、终止督导关系等情况的处理方法。注意在督导过程中给予被督导者定期的反馈,避免因督导疏忽而出现被督导者伤害寻求专业服务者的情况。

5.5 担任培训师、督导师的心理师对其培训的学生、被督导者进行专业能力评估时，应采取实事求是的态度，诚实、公平且公正地给出评估意见。

5.6 担任培训师、督导师的心理师应清楚地界定与自己的学生及被督导者的专业及伦理关系，不得与学生或被督导者卷入心理咨询或治疗关系，不得与其发生亲密关系或性关系。不得与有亲属关系或亲密关系的专业人员建立督导关系或心理咨询与治疗关系。

5.7 担任培训师、督导师的心理师应对自己在与被督导者(或学生)的关系中存在的优势有清楚的认识，不得以工作之便利用对方为自己或第三方谋取利益。

6. 研究和发表

提倡心理师进行专业研究以便对专业学科领域有所贡献，并促进对专业领域中相关现象的了解和改善。心理师在实施研究时应尊重参与者的尊严，并且关注参与者的福祉。遵守以人类为研究对象的科学研究规范和伦理准则。

6.1 心理师在从事研究工作时若以人作为研究对象，应尊重人的基本权益。遵守伦理、法律、服务机构的相关规定以及人类科学研究的标准。应对研究对象的安全负责，特别注意防范研究对象的权益受到损害。

6.2 心理师在从事研究工作时，应事先告知或征求研究对象的知情同意。应向研究对象(或其监护人)说明研究的性质、目的、过程、方法与技术的运用、可能遇到的困扰、保密原则及限制，以及研究者和研究对象双方的权利和义务等。

6.3 研究对象有拒绝或退出研究的权利，心理师不得以任何方式强制对方参与研究。只有当确信研究对参与者无害而又必须进行该项研究时，才能使用非自愿参与者。

6.4 心理师不得用隐瞒或欺骗手段对待研究对象，除非这种方法对预期的研究结果是必要的，且无其他方法可以代替，但事后必须向研究对象做出适当的说明。

6.5 当干预或实验研究需要控制组或对照组时，在研究结束后，应对控制组或对照组成员给予适当的处理。

6.6 心理师在撰写研究报告时，应将研究设计、研究过程、研究结果及研究的局限性等做客观和准确的说明和讨论，不得采用虚假不实的信息或资料，不得隐瞒与自己研究预期或理论观点不一致的结果，对研究结果的讨论应避免偏见或成见。

6.7 心理师在撰写研究报告时，应注意为研究对象的身份保密(除非得到研究对象的书面授权)，同时注意对相关研究资料予以保密并妥善保管。

6.8 心理师在发表论文或出版著作时不能剽窃他人的成果。心理师在发表论文或出版著作中引用其他研究者或作者的言论或资料时，应注明原著者及资料的来源。

6.9 当研究工作由心理师与其他同事或同行一起完成时，发表论文或出版著作应以适当的方式注明其他作者，不得以自己个人的名义发表或出版。对所发表的研究论文或出版著作有特殊贡献者，应以适当的方式给予郑重而明确的声明。若所发表的文章或出版的著作的主要内容来自学生的研究报告或论文，该学生应列为主要作者之一。

7. 伦理问题处理

心理师在专业工作中应遵守有关法律和伦理。心理师应努力解决伦理困境，和相关人员进行直接而开放的沟通，在必要时向同行及督导寻求建议或帮助。心理师应将伦理规范整合到他们的日常专业工作之中。

7.1 心理师可以从本学会、有关认证或注册机构获得本学会的伦理规范，缺乏相关知识或对伦理条款有误解都不能成为违反伦理规范的辩解理由。

7.2 心理师一旦觉察到自己在工作中有失职行为或对职责存在着误解，应采取合理的措施加以改正。

7.3 如果本学会的专业伦理规范与法律法规之间存在冲突，心理师必须让他人了解自己的行为是符合专业伦理的，并努力解决冲突。如果这种冲突无法解决，心理师应该以法律和法规作为其行动指南。

7.4 如果心理师所在机构的要求与本学会的伦理规范有矛盾之处，心理师需要澄清矛盾的实质，表明自己具有按照专业伦理规范行事的责任。应在坚持伦理规范的前提下，合理地解决伦理规范与机构要求的冲突。

7.5 心理师若发现同行或同事违反了伦理规范，应予以规劝。若规劝无效，应通过适当渠道反映其问题。如果对方违反伦理的行为非常明显，而且已经造成严重危害，或违反伦理的行为无合适的非正式的途径解决，或根本无法解决，心理师应当向本学会的伦理工作组或其他适合的权威机构举报,以维护行业声誉,保护寻求专业服务者的权益。如果心理师不能确定某种特定情形或特定的行为是否违反伦理规范,可向本学会的伦理工作组或其他合适的权威机构寻求建议。

7.6 心理师有责任配合本学会的伦理工作组对可能违反伦理规范的行为进行调查和采取行动。心理师应熟悉对违反伦理规范的处理进行申诉的相关程序和规定。

7.7 本伦理规范反对以不公正的态度或报复的方式提出有关伦理问题的申诉。

7.8 本学会设有伦理工作组,以贯彻执行伦理守则,接受伦理问题的申诉,提供与本伦理守则有关的解释,并处理违反专业伦理守则的案例。

附:本守则所包含的专业名词定义

临床心理学(clinical psychology):是心理学的分支学科之一,它既提供心理学知识,也运用这些知识去理解和促进个体或群体的心理健康、身体健康和社会适应。临床心理学更注重对个体和群体心理问题的研究,以及严重心理障碍的治疗。

咨询心理学(counseling psychology):是心理学的分支学科之一,它运用心理学的知识去理解和促进个体或群体的心理健康、身体健康和社会适应。咨询心理学更关注个体日常生活中的一般性问题,以增进个体良好的适应和应对。

心理师(clinical and counseling psychologist):指系统学习过临床或咨询心理学的专业知识、接受过系统的心理治疗与咨询专业技能培训和实践督导,正在从事心理咨询和心理治疗工作,且达到中国心理学会关于心理师的有关注册条件要求,并在中国心理学会有效注册,这些专业人员在本守则中统称为心理师。心理师包括临床心理师(clinical psychologist)和咨询心理师(counseling psychologist)。对临床心理师或咨询心理师的界定依赖于申请者所接受的学位培养方案中的名称界定。

寻求专业服务者:即来访者(client)或心理障碍患者(patient),或其他需要心理咨询或心理治疗专业服务的求助者。

督导师(supervisor):指正在从事临床与咨询心理学相关教学、培训、督导等心理师培养工作,且达到中国心理学会关于督导师的有关注册条件要求,并在中国心理学会有效注册的资深心理师。

心理咨询(counseling):指在良好的咨询关系基础上,由经过专业训练的心理师运用咨询心理学的有关理论和技术,对有一般心理问题的求助者进行帮助的过程,以消除或缓解求助者的心理问题,促进其个体的良好适应和协调发展。

心理治疗(psychotherapy):指在良好的治疗关系基础上,由经过专业训练的心理师运用临床心理学的有关理论和技术,对心理障碍患者进行帮助的过程,以消除或缓解患者的心理障碍或问题,促进其人格向健康、协调的方向发展。

剥削(exploitation):在本守则中指个体或团体在违背他人意愿或不知情的情况下,无偿占有他人的劳动成果,或不当利用他人所拥有的各种物质的、经济的和心理上的资源谋取各种形式的利益或得到心理满足。

福祉(welfare):在本守则中指寻求专业服务者的健康、心理成长和幸福。

双重关系(dual relationships):指心理师与寻求专业服务者之间除治疗关系之外,还存在或发展出其他具有利益和亲密情感等特点的人际关系的状况,称为双重关系。如果除专业关系以外,还存在两种或两种以上的社会关系,就称为多重关系(multiple relationships)。

中国心理学会

临床与咨询心理学工作伦理守则(第二版)*

(自 2018 年 7 月 1 日起执行)

《中国心理学会临床与咨询心理学工作伦理守则(第二版)》(以下简称《守则》)和《中国心理学会临床与咨询心理学专业机构和专业人员注册标准(第二版)》由中国心理学会授权临床心理学注册工作委员会在《中国心理学会临床与咨询心理学工作伦理守则(第一版)》和《中国心理学会临床与咨询心理学专业机构和专业人员注册标准(第一版)》基础上修订。

---

* 转引自:中国心理学会. 中国心理学会临床与咨询心理学工作伦理守则(第二版). 心理学报, 2018, 50(11): 1314-1322.

制定本《守则》旨在揭示临床与咨询心理学服务工作具有教育性、科学性与专业性，促使心理师、寻求专业服务者以及广大民众了解本领域专业伦理的核心理念和专业责任，以保证和提升专业服务的水准，保障寻求专业服务者和心理师的权益，提升民众心理健康水平，促进和谐社会发展。本《守则》亦作为本学会临床与咨询心理学注册心理师的专业伦理规范以及本学会处理有关临床与咨询心理学专业伦理投诉的主要依据和工作基础。

总则

善行：心理师的工作目的是使寻求专业服务者从其提供的专业服务中获益。心理师应保障寻求专业服务者的权利，努力使其得到适当的服务并避免伤害。

责任：心理师应保持其服务工作的专业水准，认清自己的专业、伦理及法律责任，维护专业信誉，并承担相应的社会责任。

诚信：心理师在工作中应做到诚实守信，在临床实践、研究及发表、教学工作以及各类媒体的宣传推广中保持真实性。

公正：心理师应公平、公正地对待专业相关的工作及人员，采取谨慎的态度防止自己潜在的偏见、能力局限、技术限制等导致的不适当行为。

尊重：心理师应尊重每位寻求专业服务者，尊重其隐私权、保密性和自我决定的权利。

1. 专业关系

心理师应按照专业的伦理规范与寻求专业服务者建立良好的专业工作关系。这种工作关系应以促进寻求专业服务者成长和发展、从而增进其利益和福祉为目的。

1.1 心理师应公正对待寻求专业服务者，不得因年龄、性别、种族、性取向、宗教信仰和政治立场、文化水平、身体状况、社会经济状况等因素歧视对方。

1.2 心理师应充分尊重和维护寻求专业服务者的权利，促进其福祉；应当避免伤害寻求专业服务者、学生或研究被试。如果伤害可预见，心理师应在对方知情同意的前提下尽可能避免，或将伤害最小化；如果伤害不可避免或无法预见，心理师应尽力使伤害程度降至最低，或在事后设法补救。

1.3 心理师应依照当地政府要求或本单位规定恰当收取专业服务费用。心理师在进入专业工作关系之前,要向寻求专业服务者清楚地介绍和解释其服务收费情况。

1.4 心理师不得以收受实物、获得劳务服务或其他方式作为其专业服务的回报,以防止引发冲突、剥削、破坏专业关系等潜在危险。

1.5 心理师须尊重寻求专业服务者的文化多元性。心理师应充分觉察自己的价值观,及其对寻求专业服务者的可能影响,并尊重寻求专业服务者的价值观,避免将自己的价值观强加给寻求专业服务者或替其做重要决定。

1.6 心理师应清楚认识自身所处位置对寻求专业服务者的潜在影响,不得利用其对自己的信任或依赖剥削对方、为自己或第三方谋取利益。

1.7 心理师要清楚了解多重关系(例如与寻求专业服务者发展家庭、社交、经济、商业或其他密切的个人关系)对专业判断可能造成的不利影响及损害寻求专业服务者福祉的潜在危险,尽可能避免与后者发生多重关系。在多重关系不可避免时,应采取专业措施预防可能的不利影响,例如签署知情同意书、告知多重关系可能的风险、寻求专业督导、做好相关记录,以确保多重关系不会影响自己的专业判断,并且不会危害寻求专业服务者。

1.8 心理师不得与当前寻求专业服务者或其家庭成员发生任何形式的性或亲密关系,包括当面和通过电子媒介进行的性或亲密沟通与交往。心理师不得给与自己有过性或亲密关系者做心理咨询或心理治疗。一旦关系超越了专业界限(例如开始性和亲密关系),应立即采取适当措施(例如寻求督导或同行建议),并终止专业关系。

1.9 心理师在与寻求专业服务者结束心理咨询或治疗关系后至少三年内,不得与其或其家庭成员发生任何形式的性或亲密关系,包括当面和通过电子媒介进行的性或亲密的沟通与交往。三年后如果发展此类关系,要仔细考察该关系的性质,确保此关系不存在任何剥削、控制和利用的可能性,同时要有可查证的书面记录。

1.10 心理师和寻求专业服务者存在除性或亲密关系以外的其他非专业关系,如可能伤害后者,应当避免与其建立专业关系。与朋友及亲人间无法保持客观、中立，心理师不得与他们建立专业关系。

1.11 心理师不得随意中断心理咨询与治疗工作。心理师出差、休假或临时离开工作地点外出时，要尽早向寻求专业服务者说明，并适当安排已经开始的心理咨询或治疗工作。

1.12 心理师认为自己的专业能力不能胜任为寻求专业服务者提供专业服务，或不适合与后者维持专业关系时，应与督导或同行讨论后，向寻求专业服务者明确说明，并本着负责的态度将其转介给合适的专业人士或机构，同时书面记录转介情况。

1.13 寻求专业服务者在心理咨询与治疗中无法获益，心理师应终止该专业关系。若受到寻求专业服务者或相关人士的威胁或伤害，或其拒绝按协议支付专业服务费用，心理师可终止专业服务关系。

1.14 本专业领域内，不同理论学派的心理师应相互了解、相互尊重。心理师开始服务时，如知晓寻求专业服务者已经与其他同行建立了专业服务关系，而且目前没有终止或者转介时，应建议寻求专业服务者继续在同行处寻求帮助。

1.15 心理师与心理健康服务领域同行(包括精神科医师/护士、社会工作者等)的交流和合作会影响对寻求专业服务者的服务质量。心理师应与相关同行建立积极的工作关系和沟通渠道，以保障寻求专业服务者的福祉。

1.16 在机构中从事心理咨询与治疗的心理师未经机构允许，不得将自己在该机构中的寻求专业服务者转介为个人接诊的来访者。

1.17 心理师将寻求专业服务者转介至其他专业人士或机构时，不得收取任何费用，也不得向第三方支付与转介相关的任何费用。

1.18 心理师应清楚了解寻求专业服务者赠送礼物对专业关系的影响。心理师在决定是否收取寻求专业服务者的礼物时需考虑以下因素：专业关系、文化习俗、礼物的金钱价值、赠送礼物的动机以及自己接受或拒绝礼物的动机。

2. 知情同意

寻求专业服务者可以自由选择是否开始或维持一段专业关系，且有权充分了解关于专业工作的过程和心理师的专业资质及理论取向。

2.1 心理师应确保寻求专业服务者了解自己与寻求专业服务者双方的权

利、责任,明确介绍收费设置,告知寻求专业服务者享有的保密权利、保密例外情况以及保密界限。心理师应认真记录评估、咨询或治疗过程中有关知情同意的讨论过程。

2.2 心理师应知晓,寻求专业服务者有权了解下列事项:(1)心理师的资质、所获认证、工作经验以及专业工作理论取向;(2)专业服务的作用;(3)专业服务的目标;(4)专业服务所采用的理论和技术;(5)专业服务的过程和局限;(6)专业服务可能带来的好处和风险;(7)心理测量与评估的意义,以及测验和结果报告的用途。

2.3 与被强制要求接受专业服务人员工作时,心理师应当在专业工作开始时与其讨论保密原则的强制界限及相关依据。

2.4 寻求专业服务者同时接受其他心理健康服务领域专业工作者的服务时,心理师可以根据工作需要,在征得其同意后,联系其他心理健康服务领域专业工作者并与他们沟通,以更好地为其服务。

2.5 只有在得到寻求专业服务者书面同意的情况下,心理师才能对心理咨询或治疗过程录音、录像或进行教学演示。

3. 隐私权和保密性

心理师有责任保护寻求专业服务者的隐私权,同时明确认识到隐私权在内容和范围上受国家法律和专业伦理规范的保护和约束。

3.1 专业服务开始时,心理师有责任向寻求专业服务者说明工作的保密原则及其应用的限度、保密例外情况并签署知情同意书。

3.2 心理师应清楚地了解保密原则的应用有其限度,下列情况为保密原则的例外。(1)心理师发现寻求专业服务者有伤害自身或他人的严重危险;(2)不具备完全民事行为能力的未成年人等受到性侵犯或虐待;(3)法律规定需要披露的其他情况。

3.3 遇到 3.2(1)和(2)的情况,心理师有责任向寻求专业服务者的合法监护人、可确认的潜在受害者或相关部门预警;遇到 3.2(3)的情况,心理师有义务遵守法律法规,并按照最低限度原则披露有关信息,但须要求法庭及相关人员出示合法的正式文书,并要求他们注意专业服务相关信息的披露范围。

3.4 心理师应按照法律法规和专业伦理规范在严格保密的前提下创建、使用、保存、传递和处理专业工作相关信息(如个案记录、测验资料、信件、录音、录像等)。心理师可告知寻求专业服务者个案记录的保存方式，相关人员(例如同事、督导、个案管理者、信息技术员)有无权限接触这些记录等。

3.5 心理师因专业工作需要在案例讨论或教学、科研、写作中采用心理咨询或治疗案例，应隐去可能辨认出寻求专业服务者的相关信息。

3.6 心理师在教学培训、科普宣传中，应避免使用完整案例，如果有可辨识身份的个人信息(如姓名、家庭背景、特殊成长或创伤经历、体貌特征等)，须采取必要措施保护当事人隐私。

3.7 如果由团队为寻求专业服务者服务，应在团队内部确立保密原则，只有确保寻求专业服务者隐私受到保护时才能讨论其相关信息。

4. 专业胜任力和专业责任

心理师应遵守法律法规和专业伦理规范，以科学研究为依据，在专业界限和个人能力范围内以负责任的态度开展评估、咨询、治疗、转介、同行督导、实习生指导以及研究工作。心理师应不断更新专业知识，提升专业胜任力，促进个人身心健康水平，以更好地满足专业工作的需要。

4.1 心理师应在专业能力范围内，根据自己所接受的教育、培训和督导的经历和工作经验，为适宜人群提供科学有效的专业服务。

4.2 心理师应规范执业，遵守执业场所、机构、行业的制度。

4.3 心理师应关注保持自身专业胜任力，充分认识继续教育的意义，参加专业培训，了解专业工作领域的新知识及新进展，必要时寻求专业督导。缺乏专业督导时，应尽量寻求同行的专业帮助。

4.4 心理师应关注自我保健，警惕因自己身心健康问题伤害服务对象的可能性，必要时寻求督导或其他专业人员的帮助，或者限制、中断、终止临床专业服务。

4.5 心理师在工作中介绍和宣传自己时，应实事求是地说明专业资历、学历、学位、专业资格证书、专业工作等。心理师不得贬低其他专业人员，不得以虚假、误导、欺瞒的方式宣传自己或所在机构、部门。

4.6 心理师应承担必要的社会责任，鼓励心理师为社会提供部分专业工作时间做低经济回报、公益性质的专业服务。

5. 心理测量与评估

心理测量与评估是咨询与治疗工作的组成部分。心理师应正确理解心理测量与评估手段在临床服务中的意义和作用，考虑被测量者或被评估者的个人特征和文化背景，恰当使用测量与评估工具来促进寻求专业服务者的福祉。

5.1 心理测量与评估旨在促进寻求专业服务者的福祉，其使用不应超越服务目的和适用范围。心理师不得滥用心理测量或评估。

5.2 心理师应在接受相关培训并具备适当专业知识和技能后，实施相关测量或评估工作。

5.3 心理师应根据测量目的与对象，采用自己熟悉、已在国内建立并证实信度、效度的测量工具。若无可靠信度、效度数据，需要说明测验结果及解释的说服力和局限性。

5.4 心理师应尊重寻求专业服务者了解和获得测量与评估结果的权利，在测量或评估后对结果给予准确、客观、对方能理解的解释，避免后者误解。

5.5 未经寻求专业服务者授权，心理师不得向非专业人员或机构泄露其测验和评估的内容与结果。

5.6 心理师有责任维护心理测验材料(测验手册、测量工具和测验项目等)和其他评估工具的公正、完整和安全，不得以任何形式向非专业人员泄露或提供不应公开的内容。

6. 教学、培训和督导

从事教学、培训和督导工作的心理师应努力发展有意义、值得尊重的专业关系，对教学、培训和督导持真诚、认真、负责的态度。

6.1 心理师从事教学、培训和督导工作旨在促进学生、被培训者或被督导者的个人及专业成长和发展，教学、培训和督导工作应有科学依据。

6.2 心理师从事教学、培训和督导工作时应持多元的理论立场，让学生、被培训者或被督导者有机会比较，并发展自己的理论立场。督导者不得把自己的理论取向强加于被督导者。

6.3 从事教学、培训和督导工作的心理师应基于其教育训练、被督导经验、专业认证及适当的专业经验，在胜任力范围内开展相关工作，且有义务不断加强自己的专业能力和伦理意识。督导者在督导过程中遇到困难，也应主动寻求专业督导。

6.4 从事教学、培训和督导工作的心理师应熟练掌握专业伦理规范，并提醒学生、被培训者或被督导者遵守伦理规范和承担专业伦理责任。

6.5 从事教学、培训工作的心理师应采取适当措施设置和计划课程，确保教学及培训能够提供适当的知识和实践训练，达到教学或培训目标。

6.6 承担教学任务的心理师应向学生明确说明自己与实习场所督导者各自的角色与责任。

6.7 担任培训任务的心理师在进行相关宣传时应实事求是，不得夸大或欺瞒。心理师应有足够的伦理敏感性，有责任采取必要措施保护被培训者个人隐私和福祉。心理师作为培训项目负责人时，应为该项目提供足够的专业支持和保证，并承担相应责任。

6.8 担任督导任务的心理师应向被督导者说明督导目的、过程、评估方式及标准，告知督导过程中可能出现的紧急情况，中断、终止督导关系的处理方法。心理师应定期评估被督导者的专业表现，并在训练方案中提供反馈，以保障专业服务水准。考评时，心理师应实事求是，诚实、公平、公正地给出评估意见。

6.9 从事教学、培训和督导工作的心理师应审慎评估其学生、被培训者或被督导者的个体差异、发展潜能及能力限度，适当关注其不足，必要时给予发展或补救机会。对不适合从事心理咨询或治疗工作的专业人员，应建议其重新考虑职业发展方向。

6.10 承担教学、培训和督导任务的心理师有责任设定清楚、适当、具文化敏感度的关系界限；不得与学生、被培训者或被督导者发生亲密关系或性关系；不得与有亲属关系或亲密关系的专业人员建立督导关系；不得与被督导者卷入心理咨询或治疗关系。

6.11 从事教学、培训或督导工作的心理师应清楚认识自己在与学生、被培训者或被督导者关系中的优势，不得以工作之便利用对方为自己或第三方谋取私利。

6.12 承担教学、培训或督导任务的心理师应明确告知学生、被培训者或被督导者，寻求专业服务者有权了解提供心理咨询或治疗者的资质；他们若在教学、培训和督导过程中使用后者的信息，应事先征得其同意。

6.13 承担教学、培训或督导任务的心理师对学生、被培训者或被督导者在心理咨询或治疗中违反伦理的情形应保持敏感，若发现此类情形应与他们认真讨论，并为保护寻求专业服务者的福祉及时处理；对情节严重者，心理师有责任向本学会临床心理学注册工作委员会伦理工作组或其他适合的权威机构举报。

7. 研究和发表

心理师应以科学的态度研究并增进对专业领域相关现象的了解，为改善专业领域做贡献。以人类为被试的科学研究应遵守相应的研究规范和伦理准则。

7.1 心理师的研究工作若以人类作为研究对象，应尊重人的基本权益，遵守相关法律法规、伦理准则以及人类科学研究的标准。心理师应负责被试的安全，采取措施防范损害其权益，避免对其造成躯体、情感或社会性伤害。若研究需得到相关机构审批，心理师应提前呈交具体研究方案以供伦理审查。

7.2 心理师的研究应征求被试知情同意；若被试没有能力做出知情同意，应获得其法定监护人知情同意；应向被试(或其监护人)说明研究性质、目的、过程、方法、技术、保密原则及局限性，被试可能体验到的身体或情绪痛苦及干预措施，预期获益、补偿；研究者和被试各自的权利和义务，研究结果的传播形式及其可能的受众群体等。

7.3 免知情同意仅限于以下情况：(1)有理由认为不会给被试造成痛苦或伤害的研究，包括①正常教学实践研究、课程研究或在教学背景下进行的课堂管理方法研究；②仅用匿名问卷、以自然观察方式进行的研究或文献研究，其答案未使被试触犯法律、未损害其财务状况、职业或声誉，且隐私得到保护；③在机构背景下进行的工作相关因素研究，不会危及被试的职业，且其隐私得到保护。(2)法律、法规或机构管理规定允许的研究。

7.4 被试参与研究，有随时撤回同意和不再继续参与的权利，并且不会因此受到任何惩罚，而且在适当情况下应获得替代咨询、治疗干预或处置。心理师不得以任何方式强制被试参与研究。干预或实验研究需要对照组时，需适当考虑对照组成员的福祉。

7.5 心理师不得用隐瞒或欺骗手段对待被试，除非这种方法对预期研究结果必要、且无其他方法代替。研究结束后，必须向被试适当说明。

7.6 禁止心理师和当前被试通过面对面或任何媒介发展涉及性或亲密关系的沟通和交往。

7.7 撰写研究报告时，心理师应客观地说明和讨论研究设计、过程、结果及局限性，不得采用或编造虚假不实的信息或资料，不得隐瞒与研究预期、理论观点、机构、项目、服务、主流意见或既得利益相悖的结果，并声明利益冲突；如果发现已发表研究有重大错误，应更正、撤销、勘误或以其他合适的方式公开纠正。

7.8 心理师撰写研究报告时应注意对被试的身份保密(除非得到其书面授权)，妥善保管相关资料。

7.9 心理师在发表论著时不得剽窃他人成果，引用其他研究者或作者的言论或资料应按照学术规范或国家标准注明原著者及资料来源。

7.10 心理师科研、写作若采用心理咨询或心理治疗案例，应确保隐匿可辨认出寻求专业服务者的信息。涉及寻求专业服务者的案例报告，应与其签署知情同意书。

7.11 全文或文中重要部分已登载于某期刊或已出版著作，心理师不得在未获原出版单位许可情况下再次投稿；同一篇稿件或主要数据相同的稿件不得同时向多家期刊投稿。

7.12 研究工作由心理师与同行一起完成时，著述应以适当方式注明全部作者、有特殊贡献者，心理师不得以个人名义发表或出版。论著主要内容源于学生的研究报告或论文，应取得学生许可并将其列为主要作者之一。

7.13 心理师审阅学术报告、文稿、基金申请或研究计划时应尊重其保密性和知识产权。心理师应审阅在自己能力范围内的材料，并避免审查工作受个人偏见影响。

8. 远程专业工作(网络/电话咨询)

心理师有责任告知寻求专业服务者远程专业工作的局限性，使其了解远程专业工作与面对面专业工作的差异。寻求专业服务者有权选择是否在接受专业服务时使用网络/电话咨询。远程工作的心理师有责任考虑相关议题，并遵守相应的伦理规范。

8.1 心理师通过网络/电话提供专业服务时，除了常规知情同意外，还需要帮助寻求专业服务者了解并同意下列信息：(1)远程服务所在的地理位置、时差和联系信息；(2)远程专业工作的益处、局限和潜在风险；(3)发生技术故障的可能性及处理方案；(4)无法联系到心理师时的应急程序。

8.2 心理师应告知寻求专业服务者电子记录和远程服务过程在网络传输中保密的局限性，告知寻求专业服务者相关人员(同事、督导、个案管理者、信息技术员)有无权限接触这些记录和咨询过程。心理师应采取合理预防措施(例如设置用户开机密码、网站密码、咨询记录文档密码等)以保证信息传递和保存过程中的安全性。

8.3 心理师远程工作时须确认寻求专业服务者真实身份及联系信息，也需确认双方具体地理位置和紧急联系人信息，以确保后者出现危机状况时可有效采取保护措施。

8.4 心理师通过网络/电话与寻求专业服务者互动并提供专业服务时，应全程验证后者真实身份，确保对方是与自己达成协议的对象。心理师应提供专业资质和专业认证机构的电子链接，并确认电子链接的有效性以保障寻求专业服务者的权利。

8.5 心理师应明白与寻求专业服务者保持专业关系的必要性。心理师应与后者讨论并建立专业界限。寻求专业服务者或心理师认为远程专业工作无效时，心理师应考虑采用面对面服务形式。如果心理师无法提供面对面服务，应帮助对方转介。

9. 媒体沟通与合作

心理师通过公众媒体(电台、电视、报纸、网络等)和自媒体从事专业活动，或以专业身份开展(讲座、演示、访谈、问答等)心理服务，与媒体相关人员合作与沟通需要遵守下列伦理规范。

9.1 心理师及其所在机构应与媒体充分沟通，确认合作方了解心理咨询与治疗的专业性质与专业伦理，提醒其自觉遵守伦理规范，承担社会责任。

9.2 心理师应在专业胜任力范围内，根据自己的教育、培训和督导经历、工作经验与媒体合作，为不同人群提供适宜而有效的专业服务。

9.3 心理师如与媒体长期合作，应特别考虑可能产生的影响，并与合作方签署包含伦理款项的合作协议，包括合作目的、双方权利与义务、违约责任及协议解除等。

9.4 心理师应与拟合作媒体就如何保护寻求专业服务者个人隐私商讨保密事宜，包括保密限制条件以及对寻求专业服务者信息的备案、利用、销毁等，并将有关设置告知寻求专业服务者，并告知其媒体传播后可能带来的影响，由其决定是否同意在媒体上自我暴露、是否签署相关协议。

9.5 心理师通过公众媒体(电台、电视、出版物、网络等)从事课程、讲座、演示等专业活动或以专业身份提供解释、分析、评论、干预时，应尊重事实，基于专业文献和实践发表言论。其言行皆应遵循专业伦理规范，避免伤害寻求专业服务者、误导大众。

9.6 心理师接受采访时应要求媒体如实报道。文章发表前应经心理师本人审核确认。如发现媒体发布与自己个人或单位相关的错误、虚假、欺诈和欺骗的信息，或其报道断章取义，心理师应依据有关法律法规和伦理准则要求媒体予以澄清、纠正、致歉，以维护专业声誉、保障受众利益。

10. 伦理问题处理

心理师应在日常专业工作中践行专业伦理规范，并遵守有关法律法规。心理师应努力解决伦理困境，与相关人员直接而开放的沟通，必要时向督导及同行寻求建议或帮助。本学会临床心理学注册工作委员会设有伦理工作组，提供与本伦理守则有关的解释，接受伦理投诉，并处理违反伦理守则的案例。

10.1 心理师应当认真学习并遵守伦理守则，缺乏相关知识、误解伦理条款都不能成为违反伦理规范的理由。

10.2 心理师一旦觉察自己工作中有失职行为或对职责有误解，应尽快采取措施改正。

10.3 若本学会专业伦理规范与法律法规冲突，心理师必须让他人了解自己的行为符合专业伦理，并努力解决冲突。如这种冲突无法解决，心理师应以法律和法规作为其行动指南。

10.4 如果心理师所在机构的要求与本学会伦理规范有矛盾之处，心理师需澄清矛盾的实质，表明自己有按专业伦理规范行事的责任。心理师应坚持伦理规范并合理解决伦理规范与机构要求的冲突。

10.5 心理师若发现同行或同事违反了伦理规范，应规劝；规劝无效则通过适当渠道反映问题。如其违反伦理行为非常明显，且已造成严重危害，或违反伦理的行为无合适的非正式解决途径，心理师应当向临床心理学注册工作委员会伦理工作组或其他适合的权威机构举报，以保护寻求专业服务者的权益，维护行业声誉。心理师如不能确定某种情形或行为是否违反伦理规范，可向临床心理学注册工作委员会伦理工作组或其他适合的权威机构寻求建议。

10.6 心理师有责任配合临床心理学注册工作委员会伦理工作组调查可能违反伦理规范的行为并采取行动。心理师应了解对违反伦理规范的处理申诉程序和规定。

10.7 伦理投诉案件的处理必须以事实为根据，以伦理守则相关条文为依据。

10.8 违反伦理守则者将按情节轻重给予以下处罚：(1)警告；(2)严重警告，被投诉者必须在指定期限内完成不少于 16 学时的专业伦理培训或/和临床心理学注册工作委员会伦理工作组指定的惩戒性任务；(3)暂停注册资格，暂停期间被投诉者不能使用注册督导师、注册心理师或注册助理心理师身份工作，同时暂停其相关权利(选举权、被选举权、推荐权、专业晋升申请等)，必须在指定期限内完成不少于 24 学时的专业伦理培训或/和临床心理学注册工作委员会伦理工作组指定的惩戒性任务，如果不当行为得以改正则由临床心理学注册工作委员会评估讨论后，取消暂停使用注册资格的决定，恢复其注册资格；(4)永久除名，取消注册资格后，临床心理学注册工作委员会不再受理其重新注册申请，并保留向相关部门通报的权利。

10.9 反对以不公正态度或报复方式提出有关伦理问题的投诉。

附1：《守则》包含的专业名词定义

临床心理学(clinical psychology)：心理学分支学科之一。它既提供相关心理学知识，也运用这些知识理解和促进个体或群体心理健康、身体健康和社会适应。临床心理学注重个体和群体心理问题研究，并治疗严重心理障碍(包括人格障碍)。

咨询心理学(counseling psychology)：心理学分支学科之一。它运用心理学知识理解和促进个体或群体心理健康、身体健康和社会适应。咨询心理学关注个体日常生活的一般性问题，以增进其良好的心理适应能力。

心理咨询(counseling)：基于良好的咨询关系，经训练的临床与咨询专业人员运用咨询心理学理论和技术，消除或缓解求助者心理困扰，促进其心理健康与自我发展。心理咨询侧重一般人群的发展性咨询。

心理治疗(psychotherapy)：基于良好的治疗关系，经训练的临床与咨询专业人员运用临床心理学有关理论和技术，矫治、消除或缓解患者心理障碍或问题，促进其人格向健康、协调的方向发展。心理治疗侧重心理疾患的治疗和心理评估。

心理师(clinical and counseling psychologist)：系统学习过临床与咨询心理学专业知识、接受过系统的心理治疗与咨询专业技能培训和实践督导，正从事心理咨询和心理治疗工作，并在中国心理学会有效注册的督导师、心理师、助理心理师。心理师包括临床心理师(clinical psychologist)和咨询心理师(counseling psychologist)。二者界定依赖于申请者学位培养方案中的名称。

督导师(supervisor)：从事临床与咨询心理学相关教学、培训、督导等心理师培养工作、达到中国心理学会督导师注册条件并有效注册的资深心理师。

寻求专业服务者(professional service seeker)：来访者(client)、精神障碍患者(patient)或其他需要接受心理咨询或心理治疗专业服务的求助者。

剥削(exploitation)：个人或团体违背他人意愿或在其不知情时，无偿占有其劳动成果,或不当利用其所拥有的物质、经济和心理资源,谋取利益或得到心理满足。

福祉(welfare):个体、团体或公众的健康、利益、心理成长和幸福。

多重关系(multiple relationships):心理师与寻求专业服务者间除心理咨询或治疗关系外,存在其他社会关系。除专业关系外,还有一种社会关系为双重关系(dual relationships),还有两种以上社会关系为多重关系。

亲密关系(romantic relationship):人与人之间所产生的紧密情感联系,如恋人、同居和婚姻关系。

远程专业工作(remote counseling):通过网络、电话等电子媒介进行、非面对面心理健康服务方式。

附 2:修改说明

中国心理学会临床与咨询心理学工作伦理守则(第二版)修订工作及主要修订内容

《中国心理学会临床与咨询心理学工作伦理守则》第一版于 2007 年发布,已应用十年。伦理守则修订工作萌发于 2014 年中国心理学会临床心理学注册工作委员会(以下简称"注册工作委员会")的委员工作会议,2016 年 2 月正式启动修订工作,历时两年完成。

1. 伦理守则修订过程

伦理守则修订工作在中国心理学会领导下,由第三届注册工作委员会组织,伦理工作组修改内容,标准制定工作组审定。组长是樊富珉,副组长是陈向一、侯志瑾,成员包括徐凯文、田成华、刘军、韩布新、王欣、瞿伟、谢钢、肖旭、张海音、张宁,协调人是安芹。

2016 年 2~4 月,伦理工作组全体委员按主题分工,每一章请两位熟悉或擅长各主题的委员合作修订,从心理学背景、医学背景等角度相互补充,两位委员充分讨论交换修订意见;5 月,收集汇总后形成第二版草稿,交伦理工作组正、副组长审核,形成第二版初稿;6 月,将第二版初稿发给伦理工作组全体委员,充分考虑以备讨论;7 月,伦理工作组举行伦理守则修订第一次研讨会,全体委员讨论后形成第二版第 1 稿;8~12 月,第二版第 1 稿继续征集意见;2017 年 2 月,成立伦理守则修订工作小组,组长樊富珉,成员刘军、田成华、徐凯文、安芹;并举行伦理守则修订第二次研讨。工作小组逐条讨论,形成第二版第 2 稿;3~6 月,伦理工作组组长等审阅后修改形成第二版第 3 稿,于 2017 年 6 月提交注册工作委员会注册标准制定工作组。

2017 年 6 月,第三届临床心理学注册工作委员会常务委员会、临床心理学注册工作委员注册标准制定工作组审议修改后形成伦理守则第二版第 4 稿;7 月,临床心理学注册工作委员会全体委员工作会议听取了伦理守则修改进展汇报,并进一步征集意见、修改,提交第三届临床心理学注册工作委员会主任、副主任委员审阅,形成第二版征求意见稿。

2017 年 8~9 月,第二版伦理守则(征求意见稿)面向注册系统成员、专业人员广泛征求意见,10 月 2 日完成收集意见并由注册标准制定工作组再次修订、审议,并聘请律师审阅;2018 年 1 月形成第二版送审稿。

2018 年 1 月 22 日临床心理学注册工作委员会正式提交伦理守则第二版(二版),请中国心理学会常务理事会审议;2018 年 2 月 8 日收到中国心理学会秘书处通知,学会常务理事会审议并通过了伦理守则第二版(二版)。

2018 年 5 月至 7 月,请北京大学出版社编辑赵晴雪和注册系统安芹、韩布新、钱铭怡、贾晓明最后修改完善伦理二版的文字表述及逻辑结构。

王智弘、段昌明、汤梅、黄蘅玉等在中国台湾及海外的同行均对伦理守则(二版)提供了有益的意见和建议。

2. 伦理守则(第二版)的主要变化

伦理守则第二版内容比第一版更为丰富,对比如表 4.1 所示。

表 4.1 两版伦理守则内容对比

第一版(2007)	第二版(2018)
专业关系(13 条)	专业关系(18 条)
	知情同意(5 条)
隐私权与保密性(7 条)	隐私权与保密性(7 条)
职业责任(6 条)	专业胜任力和专业责任(6 条)

(续表)

第一版(2007)	第二版(2018)
心理测量与评估(6条)	心理测量与评估(6条)
教学培训与督导(7条)	教学培训与督导(13条)
研究与发表(9条)	研究与发表(13条)
	远程专业工作(网络、电话咨询)(5条)
	媒体沟通与合作(6条)
伦理问题处理(8条)	伦理问题处理(9条)

3. 伦理守则(第二版)主要修订内容

(1) 增加三个章节。

增加第2章知情同意。知情同意是规范专业心理服务设置的必需环节，在咨询、研究、教学、报道中同样重要。单章列出的知情同意具体翔实，强调寻求专业服务者可以自由选择是否开始或维持一段专业关系，且有权充分了解专业工作过程、心理师的专业资质及理论取向。条款明确心理师应确保寻求专业服务者了解双方的权利、责任，明确介绍收费设置，告知寻求专业服务者享有的保密权利、保密例外情况以及保密界限，心理师应认真记录评估、咨询或治疗过程中有关知情同意的讨论等。

增加第8章远程专业工作。顺应远程专业工作的急剧扩张形式，伦理守则首次涉及相关伦理。基本内容强调心理师有责任告知寻求专业服务者远程专业工作的局限性，寻求专业服务者有权选择是否在接受专业服务时使用网络/电话咨询。具体条款明确提出远程专业工作特殊的知情同意细则，应告知寻求专业服务者电子记录和远程服务过程在网络传输中的保密局限性以及应采取的合理预防措施，在后者出现危机状况时可采取的有效安全保护措施；心理师应提供自己相关执照、资质和专业认证机构的电子链接便于寻求专业服务者了解，应明白与寻求专业服务者保持专业关系的必要性，并与其一起讨论并建立专业界限等。

增加第9章媒体沟通与合作。专业人士需与媒体合作与沟通。心理师通过公众媒体(如电台、电视、报纸、网络等)和自媒体从事专业活动或以专业身份开展心理服务(如讲座、演示、访谈、问答等)的过程中，与媒体相关人员合作与沟通需要遵守伦理规范。具体条款提出心理师及其所在机构应确认合作方明确了解心理咨询与治疗的专业性质与专业伦理，提醒其自觉遵守伦理规范，承担社会责任。心理师如果与媒体长期合作，应特别考虑可能产生的专业影响，应与拟合作媒体就如何保护寻求专业服务者的个人隐私，商讨保密相关事宜。心理师通过公众媒体(如电台、电视、报纸、出版物、网络等)从事讲课、讲座、演示等专业活动或以专业身份提供解释、分析、评论、干预时，应基于恰当的专业文献和实践依据发表言论；言行皆应遵循专业伦理规范，避免伤害同仁和寻求专业服务者，防止误导受众等。

(2) 细化原有章节内容。

以第 1 章专业关系为例，内容更接地气，回应当下困惑。专业关系一直是专业工作伦理重点关注的方面，伴随专业发展出现了一些新情况。第二版特别增加转介与收费相关规范，在专业关系中始终以增进寻求专业服务者的利益和福祉为目的；在机构中从事心理咨询与治疗的心理师未经机构允许转介为个人接诊，若为心理师自己谋利是不适当的；还规定心理师不得因将寻求专业服务者转介至其他专业人士或机构而收取任何费用；提出不同流派心理师之间以及与精神科医师、精神科护士、社会工作者等心理健康服务领域同行的交流和合作指导原则。

以第 6 章教学、培训和督导为例，内容更符合现实具体情况。结合专业人员对督导专业工作的需求加大、目前督导师资源有限而咨询师的理论取向多元化的现实，守则第二版特别要求督导不能把自己的理论取向强加给被督导者；虽未明确要求从事督导工作的一定是督导师，但从专业胜任力、督导关系及工作过程等不同角度明确了担任教学、培训或督导任务的心理师必须承担的责任。

以第 7 章研究和发表为例，内容更加翔实、细致。心理师的研究工作若以人为对象，应尊重人的基本权益。第二版明确要采取措施避免伤害研究对象的躯体、情感或社会性；研究需要得到相关机构的伦理审批，心理师应提前提交具体研究方案以供伦理审查。具体条款还包含受试者权利、结果报告、保密、投稿作者署名以及专业评审等情况。

4. 伦理守则(第二版)修订原则

伦理守则修订遵循以下五个基本原则：①遵守《精神卫生法》及相关法律条例。②顺应当下临床与咨询心理学专业工作不断扩展的需要。③考虑我国目前临床与咨询心理学专业工作的专业化发展水平。④兼顾目前临床心理学注册工作委员会可以执行的程度。⑤留有临床与咨询心理学专业工作的未来发展空间。

中国心理学会临床心理学注册工作委员会
伦理修订工作组、标准制定工作组
2018 年 5 月 3 日
2018 年 8 月 24 日

参 考 文 献

斯佩里. 心理咨询的伦理与实践. 侯志瑾, 译. 北京: 中国人民大学出版社, 2012.

维尔福. 心理咨询与治疗伦理: 第 3 版. 侯志瑾, 等, 译. 北京: 世界图书出版公司, 2010.

中国心理学会. 中国心理学会临床与咨询心理学工作伦理守则(第一版). 心理学报, 2007, 39(5): 947-950.

American Counseling Association. Codes of ethics and standards of practice. [2014-05-26]. https://www.apa.org/ethics/code/index.aspx.

American Counseling Association. Codes of ethics and standards of practice. [2014-05-26]. https://www.counseling.org/knowledge-center/ethics.

American Psychological Association. Ethical principles of psychologists and code of conduct. [2017-01-01]. https://www.apa.org/ethics/code/index.aspx.

American Psychological Association. Ethical principles of psychologists and code of conduct. [2017-01-01]. https://www.apa.org/ethics/code/ethics-code-2017.pdf.

DENG J, QIAN M, GAN Y, HU S, GAO J, HUANG Z, ZHANG L. Emerging practices of counseling and psychotherapy in China: ethical dilemmas in dual relationship. Ethics and behavior, 2016, 26(1): 63-86.

§2 伦理相关规定及文件

中国心理学会临床心理学注册工作委员会
伦理工作组工作条例

(制定于 2019 年 3 月 30 日)

为完善《中国心理学会临床与咨询心理学专业机构和专业人员注册标准(第二版)》的管理制度建设，促进中国临床与咨询心理学的发展，规范"中国心理学会临床心理学注册工作委员会伦理工作组"(以下简称"伦理工作组")委员的工作，特建立此条例。

1. 伦理工作组依据《中国心理学会临床与咨询心理学专业机构和专业人员注册标准(第二版)》1.5 条建立。本条例由中国心理学会临床心理学注册工作委员会制定，作为伦理工作组的工作依据。

2. 伦理工作组委员在本工作组中享有平等议事权、一人一票的投票权。伦理工作组委员以少数服从多数的民主决议原则进行工作。

3. 伦理工作组是贯彻《中国心理学会临床与咨询心理学工作伦理守则》的执行工作组，对申请加入中国心理学会临床与咨询心理学专业机构和专业人员注册系统的个人或机构进行伦理审核，答复伦理问题的咨询并提供相关解释，依据伦理投诉工作流程处理违反专业伦理守则的投诉案例。

4. 关于伦理投诉案例的处理：

4.1 伦理工作组对外公开的唯一工作途径是专用邮箱，由伦理工作组秘书专人负责。收到有关伦理问题的投诉时，伦理工作组秘书确认实名投诉、被投诉人为注册系统人员或申请人员、投诉事件过程明确具体，要求投诉人填写《伦理投诉案件投诉书》并亲笔签名。确认投诉资料齐全后将书面投诉转呈伦理工作组组长联席会。

4.2 由伦理工作组组长联席会确定是否启动进一步调查工作。根据伦理投诉一事一议原则，如果确定启动调查工作由伦理工作组委员组成 3 或 5 人伦理投诉工作小组开始调查和质证工作。

4.3 依据所投诉的伦理问题的性质，①在 1 个月内确定是否为有效投诉，若为有效投诉则发《投诉确认函》，若不是有效投诉则告知不予受理及原因；②若问题不足以给予违纪处罚，伦理投诉工作小组在 1 个月内形成处理意见，提交给伦理工作组组长联席会，经审议通过后进行告诫谈话或由伦理工作组秘书发出书面告诫函，或正在公示的被投诉人延长公示期等，提醒被投诉人注意遵从伦理规范，并由秘书将有关文件存档备案；③若问题严重，符合违纪处罚，伦理投诉工作小组在调查质证后提交书面调查报告，经伦理工作组组长联席会审议后，在伦理工作组全体委员会议上依照本条例 6.2 条款规定进行讨论并表决，形成书面处理决议，由伦理工作组提交中国心理学会临床心理学注册工作委员会，由注册工作委员会通过最终处罚意见，将处理意见进行公示并执行；④若投诉问题超出 5 年投诉时限，该投诉亦由秘书将有关文件存档备案；⑤若在申请过程中发现申请注册的专业人员或机构存在伦理问题，依据具体情况做相应处理。

5. 伦理工作组在工作时均需要通过科学评估、充分讨论，并在民主决议原则下完成。

6. 伦理工作组工作机制：

6.1 伦理工作组组长每年负责召集 1～2 次伦理工作组会议，就伦理相关工作组织讨论和表决；如遇特殊情况，可以临时召集伦理工作组委员会议。

6.2 所有伦理相关重大事项均须伦理工作组委员投票决定，参与投票的伦理工作组委员数不少于委员总数的 2/3，其中半数票以上获得通过的决议有效。

6.3 关于回避原则与机制。若伦理工作组讨论的重大事项决议或受理的申诉、投诉等工作，涉及伦理工作组委员所在单位或机构，或涉及其亲属关系、关系密切者或利益冲突者等，则该委员应在有关讨论过程及表决过程中予以回避。

7. 伦理工作组委员须签署保密承诺，对伦理工作组内部会议的内容、过程和决议有保密的义务，未经伦理工作组同意不得私自透露、散布有关信息。伦理工作组将指定某位委员或秘书作为对外信息发布人或对外联络人，其发布的相关信息须事前得到伦理工作组组长联席会的同意。伦理工作组委员对所参与或列席的注册工作组和标准制定工作组有关会议的内容、过程和决议有保密的义务。

8. 本条例自中国心理学会临床心理学注册工作委员会通过之日起执行。

中国心理学会临床心理学注册工作委员会
伦理工作组关于伦理投诉案件的处理办法

(制定于 2019 年 3 月 30 日)

1. 宗旨：旨在落实《中国心理学会临床与咨询心理学工作伦理守则》，指导伦理投诉案件处理，保障当事人福祉，保护注册人员权益，提升心理咨询与心理治疗的服务质量和职业声誉。

2. 适合对象：被投诉对象是注册系统专业人员或专业机构，并拥有有效的注册身份；或虽已不是注册系统专业人员或专业机构，但被投诉行为发生在其有效注册身份期间；正在申请注册系统的专业人员或专业机构。

3. 适用依据与时限：伦理工作组只受理实名投诉，投诉必须以事实为根据，对伦理投诉的处理以《中国心理学会临床与咨询心理学工作伦理守则》相关条文为依据。投诉案件的发生时间与有效投诉发生时间相隔不得超出 5 年，超出时限者不予受理，仅对投诉做备案处理，情节特别严重者另议。

4. 处理程序：伦理工作组接到对注册系统专业人员或专业机构投诉，采取一事一议原则。由伦理工作组组长联席会讨论是否为有效投诉。经讨论初步确定为有效投诉后，根据情况成立 3 人或 5 人伦理工作小组，签署《伦理工作组投诉处理工作小组保密协议》，启动对伦理投诉案件的调查与质证相关工作。伦理投诉案件处理工作小组完成相关调查后形成处理意见，交由伦理工作组组长联席会审议。对情节严重者，交由伦理工作组委员讨论通过形成决议，并将决议提交中国心理学会临床心理学注册工作委员会。

5. 申诉程序：投诉人或被投诉人如果对伦理工作组的投诉案件处理结果有异议，可在处理结果通知书发出一个月内向伦理工作组提出申诉，由伦理工作组进行审议，视情况反馈或再次启动调查与质证相关工作，以一次为限。如果对伦理工作组反馈结果仍持异议，可在处理结果通知书发出一个月内向注册系统监事组申诉。

6. 处理方式：对违反《中国心理学会临床与咨询心理学工作伦理守则》的

专业人员或专业机构，依据 10.8 条款按情节轻重给予警告、严重警告、暂停注册资格、永久除名处罚决定。对不足以进行违纪处罚者，根据实际情况给予书面告诫、训诫谈话等处理。对正在申请注册或处于公示期的申请人员或机构，如发现伦理问题或接到投诉，视情况给予相应处理。

7. 本处理办法的解释权归伦理工作组所有，自临床心理学注册工作委员会通过之日起开始执行。

附1：伦理工作组保密条例及承诺

根据《中国心理学会临床心理学注册工作委员会伦理工作组工作条例》第 7 条的要求，伦理工作组委员在履职时须签署以下保密承诺。

鉴于伦理工作组工作内容的特殊性，本人承诺遵守以下保密条例。

1. 自觉保持伦理敏感性，严格遵守伦理守则，做伦理守则的宣讲者、推广者及监管者。

2. 积极参与伦理工作组的工作，建言献策，共商大计，推动伦理建设，在相关工作中遵守保密纪律。

3. 关于伦理邮箱日常工作

(1) 伦理邮箱为伦理工作组对外公开的窗口，由伦理工作组秘书统一管理，邮箱密码为秘书专管。

(2) 秘书定期查看邮箱，收到邮件后进行初步判定，属伦理投诉先确认被投诉人是否为注册系统成员，属伦理求助先请示相关委员；及时在伦理工作组组长联席会的领导下以伦理工作组的名义做出回复。

(3) 考虑到可能涉及当事人回避问题，伦理工作组委员个人不查看伦理工作组邮箱，不以个人名义进行邮件回复。

(4) 伦理工作组委员有责任对秘书请示的工作及时给予指导，及时电话沟通或回复邮件。

4. 关于伦理问题投诉

(1) 作为工作小组成员，在收到有关投诉人以及被投诉人的事实性信息以后，保证不外传信息。

(2) 在参与工作过程中，不以个人名义，不以任何形式如电话、邮件、微信等与投诉事件的任何相关人员，与投诉人、被投诉人的任何相关人员讨论投诉事件的相关事宜。

(3) 未经伦理工作组同意不与伦理工作组以外的注册工作委员会委员以及其他人员讨论投诉事件的相关事宜。

(4) 在共同讨论过程中，不在微信等网络途径沟通投诉人具体信息以及投诉具体事实。

(5) 在参与网络工作会议时，注意选择安全的地点，注意文件的管理以及网络安全。

承诺人：
日　期：

附2：伦理工作组投诉处理工作小组保密协议

根据《中国心理学会临床心理学注册工作委员会伦理工作组关于伦理投诉案件的处理办法》第4条的要求，伦理工作组投诉处理工作小组在启动对伦理投诉案件的调查与质证相关工作之前，须签署以下保密承诺。

为了保护投诉人以及被投诉人的利益，我承诺，作为投诉处理工作小组的成员，对参与的投诉处理相关工作严格保密，遵守专业规范。

同时还承诺做到：

1. 在投诉事件处理过程中，不与投诉人及被投诉人讨论投诉事件的处理相关事宜，不外传。

2. 视具体情况召开地面或网络工作会议。在参与网络工作会议时，注意选择安全地点，保证不被打扰。

3. 在收到有关投诉人以及被投诉人的事实性信息以后，及时查看并及时销毁，注意文件的管理以及网络安全。

4. 由秘书统一留存证据资料及相关记录。

承诺人：
日　期：

附3：伦理投诉案件投诉书　　　　　　　编号

中国心理学会临床与咨询心理学专业机构和专业人员注册系统
伦理投诉案件投诉书

投诉者姓名		性别	□男 □女	联络电话	
投诉者地址				投诉者身份证号	
被投诉者姓名		性别	□男 □女	注册号	
与投诉人关系					
被投诉者服务机构名称					
咨询(治疗)起止时间		年　　月　　日至　　年　　月　　日			
被投诉者咨询服务机构地址					
请具体陈述投诉事实					
请列举被投诉者所违反之伦理守则条文(依中国心理学会伦理守则)					
本表陈述内容如有不实，投诉人愿负法律责任。					
投诉者(签名)		投诉日期		年　　月　　日	
身份证复印件粘贴处(可注明只作为伦理投诉身份确认之用)					
受理日期				年　　月　　日	

注：2019年3月起，伦理工作组正式启动调查程序前须签署确认和同意告知函。

附 4：伦理工作组投诉处理流程图

2015 年，第三届委员会伦理工作组对外公布了伦理投诉程序，2018 年以后，第四届委员会伦理工作组对上述程序做了进一步的完善，具体见图 4.1。

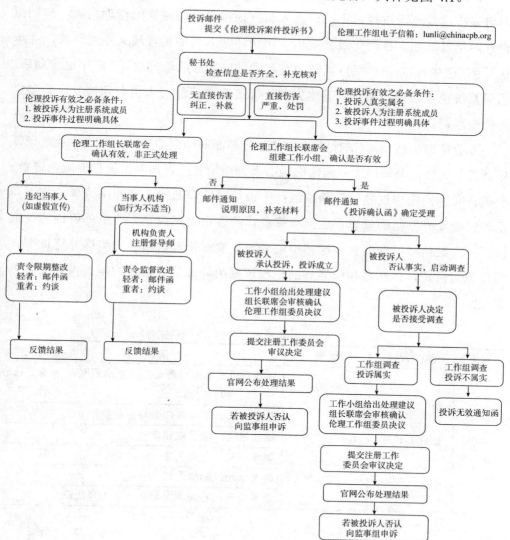

图 4.1 伦理工作组投诉处理流程

§3 专业伦理三级培训框架(试行)

第四届临床心理学注册工作委员会伦理工作组考虑，从2018年起，伦理培训将逐步试行分阶进行，不同层次人员应该接受不同层次的伦理培训。初期拟设置两年过渡期。在两年过渡期内，申请注册人员的伦理培训不用分阶，并承认其在《注册标准(第二版)》实施之前已参加的相应的伦理培训；两年过渡期后，注册系统伦理培训体系建立基本完善，即要求申请注册人员必须接受对应层级的伦理培训。

专业伦理培训框架(试行)共分三级，分别面向助理心理师、心理师及督导师申请者。初级伦理培训主要面向助理心理师申请者，告知学员伦理界限在哪里，明确针对不同伦理议题的正确做法；中级伦理培训面向心理师申请者，就不同伦理议题展开不同的反思，包括特殊群体的咨询伦理议题、非个体咨询的伦理议题；高级伦理培训面向督导师申请者，主要对伦理议题和困境展开更加深入的反思与讨论，包括督导中遇到的伦理议题的处理等。具体的培训内容设置见表4.2。

表4.2 专业伦理三级培训框架(试行)

等级	面向人群	时间	培训内容
初级	助理心理师	10~16学时	第1单元：临床与咨询心理学伦理概论(概念、总则、内容与目标)
			第2单元：专业胜任力与专业责任
			第3单元：隐私权和保密
			第4单元：专业关系
			第5单元：知情同意
			第6单元：心理测验与评估、伦理决策

(续表)

等级	面向人群	时间	培训内容
中级	心理师	12~18学时	第1单元：伦理与法律
			第2单元：危机干预中的伦理议题
			第3单元：网络及计算机使用中的伦理议题
			第4单元：研究和发表中的伦理议题
			第5单元：特殊群体的咨询伦理议题
			第6单元：非个体咨询的伦理议题(家庭治疗、团体咨询、婚姻咨询等)
			第7单元：伦理决策、伦理投诉
高级	督导师	12~18学时	第1单元：关于价值观与多元文化
			第2单元：教学与培训中的伦理议题
			第3单元：督导中的伦理议题
			第4单元：伦理问题的处理
			第5单元：伦理教学
			第6单元：媒体沟通与合作
		4~8学时	伦理案例研讨

督导项目工作标准及总结

§1 督导项目工作标准

中国心理学会学会能力提升专项子项目

心理咨询与心理治疗培训督导项目督导培训点工作标准及原则

(中国心理学会临床心理学注册工作委员会,制定于 2017 年 10 月)

为更好地向心理咨询和心理治疗专业人员提供专业帮助(包括督导、培训、专业交流等),促进专业人员专业水平和服务质量的提升,扩大中国心理学会在我国的专业影响,促进未来发展,中国心理学会临床心理学注册工作委员会,即中国心理学会临床与咨询心理学专业机构和专业人员注册系统(以下简称"注册系统")在中国心理学会学会能力提升项目的支持下,按照一定标准,在全国范围内建立心理咨询与心理治疗督导培训项目点(或培育点,以下简称"督导点"),开展专业培训与督导工作。本文件为督导点选择标准及工作原则。

一、督导点选择标准

1. 督导点的建立及选择标准

1.1 在一个行政区域(省、自治区或直辖市)内,有 2 名或 2 名以上在注册系统有效注册的督导师;或有 1 名注册督导师和 2 名或 2 名以上注册心理师(不含注册督导师),且上述督导师和心理师必须是固定参加该督导点的督导及培训工作的人员。在部分不具备以上条件的区域成立督导点,需要至少有 2 名或 2 名以上注册心理师,并由 1 名非本区域的注册系统督导师参与督导点领导工作。当本区域没有督导师,也没有适合参加督导点工作的注册心理师时,可由 1 名非本区域的注册系统督导师参与督导点领导工作，并负责在此区域开展心理咨询与心理治疗工作的非注册系统成员培训工作，该督导师需具有较高的心理咨询与心理治疗方面的造诣，在此区域有专业影响力，同时必须认同注册系统理念，对注册系统督导点工作及负责人的责任有深入理解。达到以上要求的区域可以在注册系统督导师和该负责人的领导下，建立督导点的培育点。

1.2 督导点可挂靠某一个与心理健康、心理咨询与治疗相关的在当地具有良好声誉的心理学或心理学相关学术机构，获得相应的支持、合作共同开展工作，但是须保持专业活动的相对独立性。

2. 对督导点的基本要求

2.1 有能力组织从事心理咨询和治疗工作的专业人员。

2.2 有专门从事心理咨询和治疗工作的专业人员至少 3 人，包括中国心理学会注册系统成员者优先考虑。

2.3 对建立督导点并组织心理咨询和治疗培训及督导工作有积极的意愿，且承诺按照中国心理学会的要求完成培训和督导的组织工作。

3. 督导点的工作原则

督导点工作的开展以非营利原则运作，即不可从事以营利为目的的工作或活动，且工作开展须遵守中国心理学会制定的《注册标准》和《伦理守则》。

二、督导点人员配备及工作职责标准

每个督导点需指定 1~2 人为负责人(须为同时具备管理能力和专业能力的注册系统督导师，或满足上述"一、督导点选择标准"1.1 中的其他条件者)，负责该督导点活动总体规划，统筹活动组织，专业教师聘请，场地、时间安排等工作事宜；秘书 1 人，协助负责人工作，同时负责与培训/督导师的联系、接待工作，以及专业活动资料和报表填写等具体工作的实施。

1. 督导点负责人职责

1.1 全权负责督导点的日常管理，对本督导点工作负责，对注册系统督导培训项目负责。

1.2 制订和实施督导点工作计划，制订财务预算和实施财务运行及决算。

1.3 在每年年底向注册系统的督导项目领导小组呈报下一年度的工作计划，获得批准后可实施该年度计划。

1.4 督促并监督完成相关报表和工作总结(含财务决算)等。

1.5 保证督导点的督导和培训活动的时间每年不少于10次的全天活动(每半天计为3小时，1天总计为6小时)；或满足6次或6次以上的全天活动，另外有单次督导每次半天(3小时)，全天和半天活动总小时数不少于60小时。

1.6 督导点负责人的工作原则上为义务工作，计入注册系统义务工作时间，由注册系统每年在固定时间按照一个督导点的固定工作小时数统一向注册系统秘书组呈报。

1.7 促进本督导点专业人员认真学习《注册标准》和《伦理守则》，向行业高标准看齐，组织符合条件者积极申请注册系统心理师等。

1.8 与注册系统外专业组织保持联系，宣传和推广注册系统及督导点工作，推动该区域专业工作的开展，提升专业人员队伍的质量。

2. 秘书工作职责

2.1 协助负责人进行督导点的日常管理工作。

2.2 负责培训/督导师的联系与接待等具体工作。

2.3 负责专业活动资料(如培训日程、培训人员记录、照片、培训小结；督导考勤记录表、照片；被督导人员从事个体、团体心理咨询及心理治疗人次等信息)和报表(对报表的提交时间及内容要求见后附)等工作记录的收集和撰写工作。

2.4 负责经费报销、财务预算执行及日常管理等具体财务工作。

3. 联络人的选择及工作内容

注册系统项目领导组根据各督导点具体情况，对督导力量薄弱的督导点将指定一名注册系统资深成员为某一地区督导点的联络人。联络人由有参与某地区督导点意愿且具有奉献精神的注册系统督导师担任，其工作内容包括：

3.1 联络所属地区的督导点负责人，协助制订督导点年度督导与培训计划，给予各种专业信息或其他可能的支持。

3.2 监控所属地区的督导点的工作及督导、培训质量，定期向督导项目领导小组进行工作汇报。

三、督导点培训与督导工作标准

督导与培训计划的制订以督导点的工作目标为原则，旨在提升心理治疗及咨询人员的专业水平，提高各地心理治疗与心理咨询的专业服务质量，促进各地专业队伍的发展。

1. 培训与督导工作设置

本标准中培训是指为提高专业人员的专业能力开展的各种专业主题的教学工作；督导是指以案例讨论为主要形式，以提升案例报告者专业能力为主要目的的专业活动，形式上包括个体督导与集体督导(由于资源有限，常以集体督导为主)。

1.1 各地督导点负责人具体负责培训与督导工作计划的制订和执行。

1.2 培训与督导学时数需满足规定要求。

1.3 督导点培训师与督导师的专业资质需符合规定要求。

1.4 项目期间培训与督导时间分配的建议比例：30%～50%培训与50%～70%督导。

1.5 培训与督导工作需填写相关表格与工作记录，如学员承诺书、培训督导计划、督导点情况汇总表等。

2. 培训专家和督导师选择标准

2.1 具有较高专业水准，为中国心理学会临床与咨询心理学专业机构和专业人员注册系统督导师，或正在接受督导师培训和督导的优秀心理师，接受过督导理论和方法以及临床与咨询工作伦理的培训。

2.2 本人有积极的意愿，能够认真负责地对待督导与培训的工作，并能保证在一年内参与某个督导点的培训/督导至少2次。

2.3 遵从注册系统的组织和工作安排。

2.4 非注册系统人员(如境外心理咨询与心理治疗专家)作为培训师、督导师的，需提供专业资质背景证明，并在督导点年度计划中介绍，经工作组审核后可承担督导点的培训和督导工作。

3. 参加培训和督导学习的专业人员选择标准

3.1 本人有积极的意愿，并能够承诺参加全部活动(特殊及紧急情况除外)。

3.2 已经具有一定的专业培训背景(须提供专业培训资料或证书)。

3.3 正在进行心理咨询或心理治疗的临床实践。

3.4 在一个培训督导年度的督导过程中至少提交一次连续进行 5 次以上的心理咨询或治疗的案例，作为接受督导的案例。

3.5 在同等专业条件下，中国心理学会临床与咨询心理学专业机构和专业人员注册系统成员优先；中国心理学会会员优先。

每个督导点建议对 20~30 名专业人员进行连续 1~2 年的督导，培训工作可对多人同时进行。其中参加督导的固定人员，在完成全年 80%以上的培训/督导后，将获得中国心理学会相应项目培训证书及中国心理学会临床与咨询心理学专业机构和专业人员注册系统继续教育学分证书。

每个督导点在完成对 20~30 名专业人员连续 1~2 年的督导和培训之后，重新招募督导点固定成员。原固定成员在自愿原则下，督导点可帮助他们组成固定督导小组，继续进行同伴督导或由督导点定期给予督导。

4. 培训

4.1 建议培训内容：

(1) 伦理培训，每期学员至少培训一次，每次 3~6 个学时或以上；

(2) 个人成长培训，每期至少一次，每次 2~3 个学时；

(3) 心理咨询专业基础知识以及基本会谈技术；

(4) 相关基础课程，如人格心理学、发展心理学、社会心理学、变态心理学等；

(5) 专业理论与技术方法培训，根据督导点所具有的资源选择进行，可以针对某一个理论流派做系统培训。

4.2 建议各督导点根据受训人员的不同水平选择不同的培训内容，制订符合受训人员需求的培训计划。

5. 督导

5.1 督导形式主要为集体督导。

5.2 固定学员每人在一年内提交案例报告并接受督导至少1次。

5.3 被督导学员督导前准备好督导个案报告，提倡在提交案例报告时提交获得来访者知情同意的 15 分钟录音及誊录稿(如何撰写督导案例报告是督导的内容之一)。

5.4 督导中加强对被督导者的伦理督导。

5.5 有条件的督导点可以尝试进行督导的督导，即准备申请注册系统督导师的优秀心理师为督导点其他学员进行个体或团体督导，注册系统督导师再对其进行督导的督导。

5.6 各督导点应在项目执行前制订各自的年度督导计划，提交项目领导小组，获得批准后方可实施。

四、督导点经费来源和经费管理原则

1. 经费来源

各督导点经费来源主要为自筹，新设立的督导点第一年可得到学会能力提升项目的少量经费支持。

2. 经费管理原则

2.1 非营利性，即不可从事以商业化营利为目的的培训或督导。

2.2 财务透明原则，即对参加督导点活动的全体专业人员定期公布财务状况，接受民主监督；每年年底向督导点领导小组提交全年财务报告。

2.3 督导点负责人负责组织、制订运作计划和收费预算，提前将预算方案与项目计划一并向督导点项目领导小组提出申请和备案；原则上对培训师或督导师的工作应给予少量补偿，也可以根据督导师自身申请，记录其义务进行督导和培训的小时数(注册系统推荐每名注册系统成员每年义务进行专业服务工作15小时)，在这个基础上核定对学员的收费，保持收支平衡。

2.4 督导点负责人每年年底领导秘书完成财务年度报表，与第二年培训计划一起提交督导点领导小组备查。

五、督导点常设心理咨询与治疗机构工作标准

督导点依托于某个具有组织培训与督导工作能力的学术组织或单位，有的学术单位具有常设心理咨询与治疗机构，因此本标准也对该常设机构的心理咨询与治疗日常工作进行建议。

1. 硬件条件保障

1.1 财务：有经费预算与保障。

1.2 场地：建议至少有1个预约接待室和2～3个心理咨询室。

1.3 人员：有固定的心理咨询与治疗专业人员。

1.4 环境、布局、设施设备应充分满足专业需要。

2. 日常管理

2.1 制订包括各类工作人员(如接待员、实习咨询师、咨询师、督导师、管理者/负责人)在内的工作要求及标准。

2.2 制订机构手册，包括简介及日常管理制度(如奖惩制度、咨询收费及财务管理制度和规范、实习人员管理及规范/考核办法、兼职人员管理及规范等)。

2.3 制订一系列专业工作制度及规范(如咨询工作流程、保密规定、危机干预流程、干预网络与预案、专业培训/督导要求、预约/转介规范、科研管理规范、心理测验管理和使用规范、《精神卫生法》落实制度、伦理规范等)；

2.4 有一系列专业工作文件和表格(如知情同意书、录音/录像知情同意书、预约登记表、预检表、中心心理咨询工作报表、咨询师工作报表、接待员申请表/协议、实习人员申请表/协议、兼职咨询师申请表/协议、兼职督导师申请表/协议、实习考核表及实习证明、案例报告要求及格式等)。

六、督导点评价标准

督导点评价标准见表 5.1 所示。

表 5.1 督导点评价标准

评估指标	评估方法	评价标准
组织建构	1. 听取汇报 2. 提交资料 3. 实地考察	有组织机构 有具体工作制度 有培训督导计划
培训督导	1. 听取汇报 2. 提交资料 3. 学员评估量表	完成工作量 学员对培训督导效果满意程度
实际效果	1. 听取汇报 2. 提交资料 3. 学员评估量表	学员能力提升(学员主观报告，评估比较) 学员咨询工作量(个体、团体咨询人次) 学员中成功申请注册系统"注册督导师""注册心理师"和"注册助理心理师"的人数 学员中无违反心理咨询伦理现象
影响力	1. 听取汇报 2. 提交资料	对当地心理咨询行业发展有带动作用

附：报表的提交时间及内容要求

根据中国心理学会要求，督导点项目需要向学会能力提升项目组提交整个项目的总结报告，每年两次。因此，需要各督导点在每年的 5 月底、10 月底前分别提交上半年及全年工作情况的汇报总结。具体需要提交的文件及要求如下。

1. 全年计划及财务报表

(1) 每年 12 月底提交下一年度工作计划。

(2) 每年 12 月底提交全年财务报表。

2. 填写总结表格

(1) 5 月底提交报告：1~5 月的有关数据(如果可能，包括上一年度 11~12 月数据，需要单独说明)。

(2) 10 月底提交报告：6~10 月数据。

(3) 10 月底请将 1~10 月(全年)的统计数据汇总，如包括上一年度 11~12

月数据,需要单独说明。

3. 工作总结

(1) 5 月底交 1～5 月工作小结。

(2) 10 月底交 6～10 月工作小结。

(3) 10 月底交全年情况汇总总结。

参照每年工作计划,以项目为单位,统计内容包括:固定受训人数;参加培训人次(注:人次按照每半天活动计算;如一个学员全天参加,记为 2 人次,下同);参加督导人次;固定学员个体咨询人次;固定学员团体咨询人次;伦理培训人次或小时数;全年总结包括每期学员参加培训前、后两次临床能力测评问卷的测量结果比较。

对照全年工作计划,报告年度计划实施的情况、受训人员、时间、地点、效果以及未能实施的项目和原因。

4. 督导培训活动的宣传内容

包括项目开展通知、介绍、活动照片(照片须包括有本项目名称的条幅或背景幻灯片),以及学员或讲师的心得体会等。

§2 督导项目发展及总结

一、第一期项目发展及总结(2012 年 10 月—2014 年 12 月)

(一) 引言

1. 项目策划背景

随着社会的高速发展,民众对于心理健康专业工作的需求日益增加,我国心理咨询和治疗行业处于快速发展期。尽管如此,因我国人口基数大,快速增长的专业队伍及其专业能力尚不能在数量和质量上满足民众需求。因此,我国心理咨询与治疗行业的职业化进程需要加速,而在此方面中国心理学会应当发挥领导和组织专业工作者、促进专业发展和提升的作用。

2. 目的和意义

本项目旨在利用中国心理学会的专家优势,在全国选择 14 个省会城市或重点市,建立以当地心理学会分支机构为主体的心理健康咨询服务督导培训点(简称督导点),以督导点为平台,定期、定点选派专家对当地专业人员进行培训和督导,以点带面,推动相应地区的心理咨询和治疗行业的专业化发展,提升专业人员的水平和服务质量。与此同时,通过本项目的开展,为在我国建立一套有效的心理咨询与治疗行业培训和督导体系总结经验、提供建议,未来可成为不同地区培训和督导工作的模板,促进心理咨询和治疗事业的健康发展。

3. 实施概况

第一期项目具体状况见表5.2(注:项目年度起止时间受到科协立项时间影响)。

表5.2 第一期项目实施概况

年度	第一年 (2012 年 10 月 至 2013 年 6 月)	第二年 (2013 年 8 月 至 2014 年 3 月)	第三年 (2014 年 4 月 至 2014 年 12 月)
开设督导点	新设上海、南京、武汉、成都、青岛、开封、太原 7 个点	新设天津、西安、杭州、福州 4 个点;此外,第一年度 7 个点及新纳入本项目统一管理的北京市监狱系统继续开展工作,共计 12 个点	在重庆、合肥新设立 2 个点,同时继续开展原 12 个示范中心的培训与督导工作
培训与督导小时数/小时	453	909.5	培训 904 督导 560
固定受训学员数量/人	340	711	513
学员个体与团体咨询人次/人次	23 754	54 624	个体咨询 35 519 团体咨询 30 974

在第三年度,本项目还进行了心理咨询与心理治疗督导点标准化建设,形成一整套便于将来继续开展工作的标准并进行了项目总结和专家鉴定。

4. 组织领导与管理制度

本项目在学会的领导下，由注册系统设立项目工作组，钱铭怡、贾晓明担任项目总负责人，工作组还设项目总助理 1 人，以及对重点建设的督导点进行学术指导的学术联络人若干。此外，各督导点明确了组织建设制度，确定了 1~2 名项目负责人和 1 名秘书。

在管理制度上，注册系统先后制定下发了《关于执行中国心理学会专业能力提升项目建立督导项目点开展督导、培训工作的管理办法》与《中国心理学会学会能力提升专项注册系统督导点培训与督导指导建议》，对督导点的遴选标准、培训师及督导师选择标准、学员选择标准、培训和督导内容等进行了规定。在实践过程中，形成了一系列具体工作制度，并在第三年度进行总结。

(二) 实施过程

1. 充分论证，遴选、确定各年度新建督导点

在三年项目开展前，注册系统制定下发了《关于执行中国心理学会专业能力提升项目建立督导项目点开展督导、培训工作的管理办法》，在整个注册系统内部征集具有一定条件并愿意开展此项工作的人员。在每年学会项目确定后，项目组会专门召开会议，确定当年的督导点名单。

原则上，申请建立督导点的地区应符合以下条件：①在一个行政区域内具有 2 名或 2 名以上注册督导师；或具有 1 名注册督导师和 3 名或 3 名以上注册心理师。②具有 3 名或 3 名以上注册心理师，暂不具有注册督导师但注册系统决定给予专业支援的地区。

在具体考量上，项目组会综合考虑该地区的资源，并适当考虑地域因素，对一些地区进行专业支援和重点扶持，比如第一年度的河南开封、山西太原、四川成都等。

2. 充分讨论，因地制宜地制订各点工作方案

各点在正式组建及开展工作前，其项目负责人与学术联络人进行了多次讨论，最终确定了既符合项目要求又因地制宜的工作方案。此处以开封点及成都点为例进行说明。

河南开封点 经过两个月的筹备,河南点于 2012 年 12 月 22 日在河南大学正式启动。由于河南本地拥有的培训与督导资源有限,行业发展相对滞后,为了让更多人受训获益,河南点根据学员的资历水平特别设计了 A、B 两层的分层培训方案。其中,A 组 35 人,包括已注册的 5 位心理师及能够提供 8 次以上案例、准备近期申请加入注册系统的 30 位学员;B 组为其他学员,共 73 人,再分为 5 个小组,由 5 位已注册的心理师担任实习督导兼组长。第一年度,河南点共进行了 7 次 15 天的培训与督导。第二年度,河南点继续开展工作,总计开展培训督导 72 小时,固定受训学员 176 人(其中 A 组 30 人,B 组 146 人),开展学员个体与团体咨询 3036 人次。第三年度,河南点继续开展工作,总计开展培训督导 76 小时,固定受训学员 152 人(其中 A 组 23 人,B 组 129 人)。在第一年度的项目研讨会上,参与学员普遍反映,此次培训高效、实用,非常有收获,学员们为能够近距离接触到经验丰富的高水平老师而高兴,同时感觉培训督导对自己的咨询工作有很大帮助。

四川成都点 2012 年 12 月 7 日,四川点启动仪式及首次培训在华西心理卫生中心成功举行。在培训前,四川督导点秘书处根据工作会议的精神,拟定了《四川督导点"2013 年心理咨询与治疗团体督导班"招募通知》,并对所有申请者首先依据注册系统提供的标准通过资质审查、注册人员推荐或面谈评估进行了初步筛选。然后根据实际情况,在五个"平衡"的基础上(平衡医疗系统和高校系统的人员、平衡注册系统内外的人员、平衡不同理论流派的人员、平衡处于专业发展不同阶段的人员、平衡不同地区的人员),最终确定了 33 人,保证所有学员都已充分了解此项目宗旨和目的,能长期稳定地投入专业成长并推动注册系统发展。在完成学员遴选后,考虑到学员来自不同地区,四川点利用每月最后一周的周末集中开展活动,在第一年度共计开展 7 次 21 学时的培训与督导。每次专业活动,都充分利用资源,邀请各领域的知名专家,为学员提供高质量的培训和督导。学员们普遍反馈,医疗系统和高校系统两支力量的联合,以及四川点强大的专业后盾(省内和整个注册系统)和支持,使大家能够近距离地收获高质量的培训和督导,提升了专业水平,且增强了专业归属感。第二年度,四川点继续开展工作,总计开展培训督导 22 小时,固定受训学员 52 人,开展学员个体与团体咨询 6455 人次。第三年度，四川点总计开展培训督导 37 小时，固定受训学员 40 人。

3. 定期召开项目研讨会与总结会，总结、研讨工作经验

第一年度，本项目在三个重点支持点(河南开封、山西太原、四川成都)召开了 3 次项目研讨会，项目总负责人、学术联络人及当地督导和学员共同进行了总结与研讨。2013 年 7 月 23 日，项目组在北京召开了第一次项目总结大会，会上各点分别报告了各自工作并就后续工作展开了研讨。

第二年度，本项目在天津和陕西两点各举办了 1 次项目研讨会。2014 年 3 月 22 日，本项目第二次总结大会在北京召开，对项目工作进行了总结和研讨，为下一步更好地开展工作提出了很多非常好的建议，有助于项目组进一步厘清未来工作的思路。

第三年度，本项目进入总结期，总结已经开展的示范中心建设经验，修订各类标准，并于 2014 年 11 月 8 日在杭州示范中心召开了一次专家评审会，7 位注册系统内外的专家受邀与会听取汇报并对项目拟订的《督导点工作标准》提出了意见与修改建议。2014 年 11 月 28 日项目总结与专家评审会在北京举行，与会专家听取了几个督导点的情况汇报及督导点工作总结，对项目的实施与发展给予了充分肯定，并提出了进一步的工作建议。

(三) 效益与经验

总体来说，本项目的实施很好地提升了学会为社会服务的能力，在国内心理咨询与治疗专业培训上起到了带头与模范的推动作用，并将对行业发展起到长远的影响。

第一，项目持续培养了一大批心理咨询与治疗专业人员。在第一期的 3 年里，本项目共培训固定参与咨询师学员 342 人、711 人和 513 人，三年共计 1566 人。学员们普遍反映，接受培训督导以来，专业能力与专业自信心有较大提升。浙江示范中心还对固定参与的 30 名学员在受训前、后进行了临床能力的量表自评。结果显示，学员在心理咨询和心理治疗专业方面总体胜任程度有所提升(见图5.1)；在灵活性、理解分析和知识掌握方面评分提高，可见本项目有助于学员提升专业知识、方法灵活性和案例概念化能力(见图5.2)。

第二，学员在专业上的成长也帮助他们更好地为社会提供心理咨询与治疗的专业服务，使更大面积的人群受益。在项目第一期的 3 年里，固定参与学员共计进行个体咨询与团体咨询人次分别为 59 273 人次和 85 598 人次。

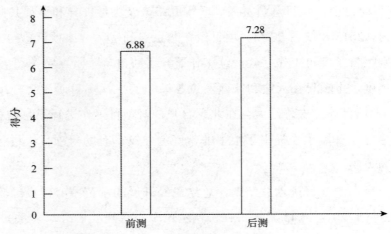

图5.1 浙江示范中心固定参与学员专业胜任度自评前后测

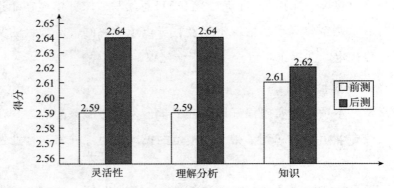

图5.2 浙江示范中心固定参与学员临床能力自评前后测

第三，在项目实施过程中，学会为社会服务的能力也得到锻炼，在专业系统内和全社会范围内的影响力均得到提升。不少督导点的建立本身整合了该地区在医疗和教育系统内的专业资源，并在学员选择上兼顾了不同专业人群，使得中国心理学会和注册系统的影响力和美誉度都大大提升。此外，不少督导点如天津点和陕西点，都举办了对该地区专业人员开放的公开讲座，专业人员参与的积极性很高，反响热烈，提高了中国心理学会和注册系统在该地区的影响力。同时，此项工作的开展也为注册系统进一步发展壮大提供了新鲜力量。许多参与本项目的学员在结束后选择申请加入注册系统，成为注册助理心理师或注册心理师。

第四，经过第一期的试点，本项目已经形成了一套相对完备的、科学的、系统的工作制度；在培训和督导的具体方案制订上，项目组积累了丰富的经验。在未来的工作中，本项目将进一步总结经验，使之推广到整个行业，形成行业内专业、系统、可持续的心理健康咨询师培养模式，从而推动我国心理咨询与治疗行业的专业发展。

二、第二期项目发展及总结(2015—2017)

2015—2017年，在中国心理学会学会能力提升专项心理咨询与心理治疗培训督导子项目第一期(2012—2014)的基础上，经中国心理学会批准，继续开展项目第二期工作，以督导点为平台引领不同地区的培训和督导工作，促进心理咨询和治疗事业的健康发展。

第二期项目运行期间，第一期建立的督导点除北京市监狱管理局的督导培训结项之外，其他13个督导点继续平稳运行，新建"8+1(培育点)"个督导点，使督导点在全国的总体规模达到22个，项目面向东北、西部等心理咨询与心理治疗相对不发达地区发展，并创新性地建立了江苏督导点青少年心理咨询分点和湖南督导培育点，体现了该项目对未来发展的新尝试。

在本项目期内，各督导点均进行了多次培训和督导，共培训固定参与学员24 498人次，开展培训与督导7035.5小时。截至2017年9月，固定参与学员开展个体与团体咨询人次为201 322人次(见表5.3)。

表 5.3　第二期项目情况总表

年份	督导培训及服务情况				
	培训学员数/人次	培训小时数/小时	督导小时数/小时	学员个体咨询/人次	学员团体咨询/人次
2017	14 282 (21个点)	1921.5 (21个点)	1227 (19个点)	44 626 (15个点)	37 657 (15个点)
2016	5931	1165	742	31 051 (11个点)	25 672 (9个点)
2015	4285	1980		62 316(10个点)	

注：2017年参与统计的督导点总数为22个；2016年20个；2015年16个。

1. 项目经验及优势

首先，项目持续培养了一大批心理咨询与治疗专业人员。学员们普遍反映，接受培训督导以来，专业胜任力与专业自信心有较大提升。一批经过督导点培训的专业人员成功申请加入注册系统，找到了更适合自己的专业工作岗位，在职业生涯发展的道路上大步前进。例如，浙江省固定参与人员在受训前后进行了专业胜任力的量表自评，结果表明，学员在胜任力方面有明显提高(见图5.3)。

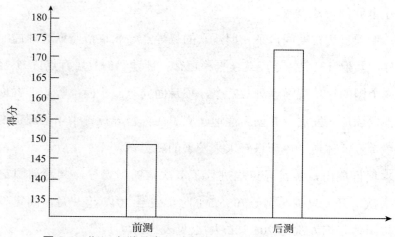

图 5.3　浙江省学员自评胜任力总评前后测结果示意

其次，学员在专业上的成长也帮助他们更好地为社会大众提供心理咨询与治疗的专业服务，使更广泛的人群获益。各个督导点的建立本身就整合了该地区在医疗和教育系统内的专业资源，并在学员选择上兼顾了不同专业人群。此外，不少督导点都举办了对全地区专业人员开放的公益讲座，各行业专业人员参与积极性高，反响热烈，也因此提高了中国心理学会和注册系统在该地的影响力。

2. 项目的新尝试与新特色

(1) 在西部地区、专业资源匮乏地建立督导点。2015—2017 年，督导点建设加大了对专业环境和条件相对不足的地区的投入，在兰州建立了甘肃督导点、在西宁建立了青海督导点。甘肃督导点建设得到了甘肃心理学会和西北师范大学的大力支持，对甘肃当地特别是兰州地区的心理咨询、心理治疗骨干进行集中培训和督导，引进了"以人为中心"三年连续培训项目。高校的专职心理咨询师，综合医院、肿瘤医院心理科的心理治疗师，企业的 EAP 咨询师，司法系统的心理工作者参与了系统培训和督导，极大地凝聚了当地心理咨询与心理治疗的专业队伍，对当地心理咨询和心理治疗的专业化发展起到很好的示范作用。学员也同时获得了公益性、专业性的学习训练机会，称赞"'心理咨询与治疗的春风'吹到了西部"。

(2) 在成熟的省级督导点下设立督导分点。江苏督导点在项目第一期的建设中成果显著，培训督导活动丰富、专业，参加且通过培训的大批学员成功进入注册系统，是全国注册系统成员人数位于第二位的地区。江苏的督导师人员充沛，高校、医疗系统的专业化水平高，利用这些优势资源，项目在针对特定机构、特定人群建立督导分点的工作上进行了尝试。依托南京市中小学心理服务中心，建立了中小学督导分点。南京市中小学心理服务中心是全国精神文明建设单位，有着多年为中小学提供心理服务的经验和成果，在江苏督导点的指导下，在该中心的注册系统督导师、心理师的努力下，新成立的督导分点开展了中小学心理辅导的伦理培训、理论方法培训以及系统的案例督导等工作，对在中小学从事心理服务工作的教师的专业规范、专业能力起到了很好的促进作用。2017 年有一位督导分点学员获得了注册系统督导师资格，是国内唯一一位在中小学领域工作的注册督导师。

(3) 在具备一定条件的地区建立督导培育点。我国各地心理咨询和心理治疗行业发展不平衡，有一批受过一定专业训练且有较好实践经验，但尚未成为注册系统督导师和心理师的专业人员，还不具备建立督导点的基本条件。鉴于以上情况，督导点工作组根据自愿申请原则，到湖南长沙对申请建立湖南督导点的五所高校进行了实地考察，听取了各学校的申请汇报，最后通过评议以长沙理工大学为主要单位，与湖南农业大学、湖南大学、中南大学、湖南师范大学协同共建湖南督导培育点，目前已经开展了一定的专业培训和督导工作。在不断提高学员专业化水平的同时，达到督导点建设条件，湖南督导培育点可转为正式督导点。

以上创新工作取得了良好效果，对于注册系统来说，是具有重大意义的积极尝试，今后我们将在其他地区的督导点做进一步推广。

3. 项目的规范制定与实施

本项目之所以能够顺利进行，还依赖于下列因素：

(1) 规范管理，不断完善各项制度。2016 年下半年，为更好地推动和发展督导点项目工作，中国心理学会临床心理学注册工作委员会成立了督导点项目领导小组，成员包括钱铭怡、贾晓明、陈向一。

同时，督导点项目在实施过程中不断完善各项规章制度，现已制定了《关于执行中国心理学会专业能力提升项目建立督导项目点开展督导、培训工作的管理办法》《中国心理学会学会能力提升专项注册系统督导点培训与督导指导建议》，并在实践过程中，形成了一系列的具体工作制度，不断进行年度经验及制度的研讨和总结。

(2) 充分论证，认真遴选，确定督导培训点。每个点认真选择负责人、联络人及秘书，好的工作团队是督导点工作成功的重要保证。在选择某个督导点时适当考虑地域因素，对一些地区进行专业支援和重点扶持；与此同时，配套准备了多种评估标准和文件。

(3) 提前制订计划，筛选学员和教师，保障督导与培训的质量。各督导点对参加培训的固定学员进行了必要的筛选，提前制订下一年度的督导与培训计划，按照高标准邀请督导师和培训师，从学员、教师、教学及督导安排各环节保障课程及督导水平与质量。

同时，项目着眼于该地区未来发展，一批经过筛选的学员能够以督导点为基础，帮助当地专业人员组织同伴督导小组，学员在结束学习后仍能坚持长期的专业活动。目前各地活动均进展良好，各有特色。

4. 项目的总结与研讨

2017年10月14～15日，中国心理学会学会能力提升专项心理咨询与心理治疗培训督导项目在北京大学召开了2015—2017年第二期项目总结与专家评审会，对本期项目进行总结及评审，会后又进行了为期一天半的项目发展与研讨。评审会邀请了中国心理学会学会能力提升专项总负责人梅建，及五位评审专家：伍新春(北师大)、傅宏(南师大)、郭延庆(北京大学第六医院)、王力(中科院)、杨凤池(首都医科大学)。参加会议的人员包括督导点项目领导小组成员、全部21+1个督导点(及培育点)的负责人和秘书41人，工作人员和志愿者10人，共计51人参会。

项目评审专家一致认为：此项目超额完成了预期任务，"在国内是一项具有开创性、实用性的工作，对提升心理咨询与心理治疗专业人员的胜任力具有积极意义，在学会能力建设与心理咨询和治疗培训督导工作方面均起到了示范作用"。

在研讨会上，与会者还对项目的未来发展进行了深入研讨。大家认为项目的工作应进一步深化，对督导点的培训、督导、伦理、协议、评估、财务等工作要提出规范和更具体的要求，同时也要为各督导点留下自主发挥的空间，坚持督导点工作的科学性、规范性和非营利原则，更好地完成中国心理学会交给我们的任务，完成作为学会应承担的社会职责和社会使命。

§3 督导点主要参与者名单

一、第一期(2012—2014)

项目负责人：钱铭怡、贾晓明；

秘书：张黎黎；

各地联络人：霍莉钦、钟杰、徐凯文、孟莉、杨蕴萍、赵梅。

二、第二期(2015—2017)

项目负责人：钱铭怡、贾晓明、陈向一；

秘书：关雪杨；

各地联络人：霍莉钦、钟杰、徐凯文、孟莉、杨蕴萍、赵梅、樊富珉、洪炜、陶勑恒、孔勤等。

督导点项目各地区具体负责人及秘书名单请见表5.4。

表5.4 各地区具体负责人及秘书名单

地区	第一期(2012—2014)		第二期(2015—2017)	
	负责人	秘书	负责人	秘书
四川点	肖旭、张岚	宋晓莉	肖旭、张岚	宋晓莉、陈月竹
河南点	王瑶	王翠丽、王贺娜	王瑶、柴美静、陈景芳	陈希、张倩
山西点	罗锦秀	李瑶	罗锦秀	李瑶
湖北点	江光荣	孙启武	江光荣	闫冬冬
江苏点	桑志芹	陈昌凯、徐花	桑志芹	蔡智勇、徐花
上海点	张海音	陈涵	张海音	吴艳茹
重庆点	瞿伟	廖红梅	瞿伟	唐倩影
天津点	梁宝勇、杨丽	王小玲、赵宏祥	梁宝勇、杨丽	安莉
陕西点	张天布	李喜凤、周红霞	张天布	李喜凤、周红霞
浙江点	朱婉儿、马建青	刘艳、俞林新	朱婉儿	刘艳、俞林新
福建点	林芳、何少颖	赵陵波、蔡文娟	林芳、何少颖	赵陵波、蔡文娟
山东点	郑洪利、刘国秋	张利萍	郑洪利、刘国秋	张利萍、尹海兰
安徽点	李晓驷	钟慧	李晓驷	钟慧
北京监狱系统	贾晓明、郑宁	左月侠	因结项，第二期未继续参加督导点项目	

(续表)

地区	第一期(2012—2014)		第二期(2015—2017)	
	负责人	秘书	负责人	秘书
辽宁点	第二期新增督导点项目		胡月	鲍英善、应兆升
黑龙江点			盛晓春、王新本	王倩
甘肃点			王立冬	姜艳斐
湖南培育点			江光荣	龚勋、熊恋
广东点			陈向一、贺鑫	黄金华
云南点			解亚宁	滕燕、杨杨一帆
广西点			何昭红、江光荣	欧阳丹
青海点			张秀琴	陆琴
江苏中小学分点			陶勑恒、任其平	杨雪梅

附　录

中华人民共和国精神卫生法

(2012年10月26日第十一届全国人民代表大会常务委员会第二十九次会议通过　根据2018年4月27日第十三届全国人民代表大会常务委员会第二次会议《关于修改<中华人民共和国国境卫生检疫法>等六部法律的决定》修正)

目　录

第一章　总　　则
第二章　心理健康促进和精神障碍预防
第三章　精神障碍的诊断和治疗
第四章　精神障碍的康复
第五章　保障措施
第六章　法律责任
第七章　附　则

第一章　总　则

第一条　为了发展精神卫生事业，规范精神卫生服务，维护精神障碍患者的合法权益，制定本法。

第二条　在中华人民共和国境内开展维护和增进公民心理健康、预防和治疗精神障碍、促进精神障碍患者康复的活动，适用本法。

第三条　精神卫生工作实行预防为主的方针，坚持预防、治疗和康复相结合的原则。

第四条　精神障碍患者的人格尊严、人身和财产安全不受侵犯。

精神障碍患者的教育、劳动、医疗以及从国家和社会获得物质帮助等方面的合法权益受法律保护。

有关单位和个人应当对精神障碍患者的姓名、肖像、住址、工作单位、病历资料以及其他可能推断出其身份的信息予以保密；但是，依法履行职责需要公开的除外。

第五条 全社会应当尊重、理解、关爱精神障碍患者。

任何组织或者个人不得歧视、侮辱、虐待精神障碍患者，不得非法限制精神障碍患者的人身自由。

新闻报道和文学艺术作品等不得含有歧视、侮辱精神障碍患者的内容。

第六条 精神卫生工作实行政府组织领导、部门各负其责、家庭和单位尽力尽责、全社会共同参与的综合管理机制。

第七条 县级以上人民政府领导精神卫生工作，将其纳入国民经济和社会发展规划，建设和完善精神障碍的预防、治疗和康复服务体系，建立健全精神卫生工作协调机制和工作责任制，对有关部门承担的精神卫生工作进行考核、监督。

乡镇人民政府和街道办事处根据本地区的实际情况，组织开展预防精神障碍发生、促进精神障碍患者康复等工作。

第八条 国务院卫生行政部门主管全国的精神卫生工作。县级以上地方人民政府卫生行政部门主管本行政区域的精神卫生工作。

县级以上人民政府司法行政、民政、公安、教育、医疗保障等部门在各自职责范围内负责有关的精神卫生工作。

第九条 精神障碍患者的监护人应当履行监护职责，维护精神障碍患者的合法权益。

禁止对精神障碍患者实施家庭暴力，禁止遗弃精神障碍患者。

第十条 中国残疾人联合会及其地方组织依照法律、法规或者接受政府委托，动员社会力量，开展精神卫生工作。

村民委员会、居民委员会依照本法的规定开展精神卫生工作，并对所在地人民政府开展的精神卫生工作予以协助。

国家鼓励和支持工会、共产主义青年团、妇女联合会、红十字会、科学技术协会等团体依法开展精神卫生工作。

第十一条 国家鼓励和支持开展精神卫生专门人才的培养，维护精神卫生工作人员的合法权益，加强精神卫生专业队伍建设。

国家鼓励和支持开展精神卫生科学技术研究，发展现代医学、我国传统医学、心理学，提高精神障碍预防、诊断、治疗、康复的科学技术水平。

国家鼓励和支持开展精神卫生领域的国际交流与合作。

第十二条 各级人民政府和县级以上人民政府有关部门应当采取措施，鼓励和支持组织、个人提供精神卫生志愿服务，捐助精神卫生事业，兴建精神卫生公益设施。

对在精神卫生工作中作出突出贡献的组织、个人，按照国家有关规定给予表彰、奖励。

第二章　心理健康促进和精神障碍预防

第十三条 各级人民政府和县级以上人民政府有关部门应当采取措施，加强心理健康促进和精神障碍预防工作，提高公众心理健康水平。

第十四条 各级人民政府和县级以上人民政府有关部门制定的突发事件应急预案，应当包括心理援助的内容。发生突发事件，履行统一领导职责或者组织处置突发事件的人民政府应当根据突发事件的具体情况，按照应急预案的规定，组织开展心理援助工作。

第十五条 用人单位应当创造有益于职工身心健康的工作环境，关注职工的心理健康；对处于职业发展特定时期或者在特殊岗位工作的职工，应当有针对性地开展心理健康教育。

第十六条 各级各类学校应当对学生进行精神卫生知识教育；配备或者聘请心理健康教育教师、辅导人员，并可以设立心理健康辅导室，对学生进行心理健康教育。学前教育机构应当对幼儿开展符合其特点的心理健康教育。

发生自然灾害、意外伤害、公共安全事件等可能影响学生心理健康的事件，学校应当及时组织专业人员对学生进行心理援助。

教师应当学习和了解相关的精神卫生知识，关注学生心理健康状况，正确引导、激励学生。地方各级人民政府教育行政部门和学校应当重视教师心理健康。

学校和教师应当与学生父母或者其他监护人、近亲属沟通学生心理健康情况。

第十七条　医务人员开展疾病诊疗服务，应当按照诊断标准和治疗规范的要求，对就诊者进行心理健康指导；发现就诊者可能患有精神障碍的，应当建议其到符合本法规定的医疗机构就诊。

第十八条　监狱、看守所、拘留所、强制隔离戒毒所等场所，应当对服刑人员，被依法拘留、逮捕、强制隔离戒毒的人员等，开展精神卫生知识宣传，关注其心理健康状况，必要时提供心理咨询和心理辅导。

第十九条　县级以上地方人民政府人力资源社会保障、教育、卫生、司法行政、公安等部门应当在各自职责范围内分别对本法第十五条至第十八条规定的单位履行精神障碍预防义务的情况进行督促和指导。

第二十条　村民委员会、居民委员会应当协助所在地人民政府及其有关部门开展社区心理健康指导、精神卫生知识宣传教育活动，创建有益于居民身心健康的社区环境。

乡镇卫生院或者社区卫生服务机构应当为村民委员会、居民委员会开展社区心理健康指导、精神卫生知识宣传教育活动提供技术指导。

第二十一条　家庭成员之间应当相互关爱，创造良好、和睦的家庭环境，提高精神障碍预防意识；发现家庭成员可能患有精神障碍的，应当帮助其及时就诊，照顾其生活，做好看护管理。

第二十二条　国家鼓励和支持新闻媒体、社会组织开展精神卫生的公益性宣传，普及精神卫生知识，引导公众关注心理健康，预防精神障碍的发生。

第二十三条　心理咨询人员应当提高业务素质，遵守执业规范，为社会公众提供专业化的心理咨询服务。

心理咨询人员不得从事心理治疗或者精神障碍的诊断、治疗。

心理咨询人员发现接受咨询的人员可能患有精神障碍的，应当建议其到符合本法规定的医疗机构就诊。

心理咨询人员应当尊重接受咨询人员的隐私,并为其保守秘密。

第二十四条 国务院卫生行政部门建立精神卫生监测网络,实行严重精神障碍发病报告制度,组织开展精神障碍发生状况、发展趋势等的监测和专题调查工作。精神卫生监测和严重精神障碍发病报告管理办法,由国务院卫生行政部门制定。

国务院卫生行政部门应当会同有关部门、组织,建立精神卫生工作信息共享机制,实现信息互联互通、交流共享。

第三章 精神障碍的诊断和治疗

第二十五条 开展精神障碍诊断、治疗活动,应当具备下列条件,并依照医疗机构的管理规定办理有关手续:

(一) 有与从事的精神障碍诊断、治疗相适应的精神科执业医师、护士;

(二) 有满足开展精神障碍诊断、治疗需要的设施和设备;

(三) 有完善的精神障碍诊断、治疗管理制度和质量监控制度。

从事精神障碍诊断、治疗的专科医疗机构还应当配备从事心理治疗的人员。

第二十六条 精神障碍的诊断、治疗,应当遵循维护患者合法权益、尊重患者人格尊严的原则,保障患者在现有条件下获得良好的精神卫生服务。

精神障碍分类、诊断标准和治疗规范,由国务院卫生行政部门组织制定。

第二十七条 精神障碍的诊断应当以精神健康状况为依据。

除法律另有规定外,不得违背本人意志进行确定其是否患有精神障碍的医学检查。

第二十八条 除个人自行到医疗机构进行精神障碍诊断外,疑似精神障碍患者的近亲属可以将其送往医疗机构进行精神障碍诊断。对查找不到近亲属的流浪乞讨疑似精神障碍患者,由当地民政等有关部门按照职责分工,帮助送往医疗机构进行精神障碍诊断。

疑似精神障碍患者发生伤害自身、危害他人安全的行为,或者有伤害自身、危害他人安全的危险的,其近亲属、所在单位、当地公安机关应当立即采取措施予以制止，并将其送往医疗机构进行精神障碍诊断。

医疗机构接到送诊的疑似精神障碍患者，不得拒绝为其作出诊断。

第二十九条 精神障碍的诊断应当由精神科执业医师作出。

医疗机构接到依照本法第二十八条第二款规定送诊的疑似精神障碍患者，应当将其留院，立即指派精神科执业医师进行诊断，并及时出具诊断结论。

第三十条 精神障碍的住院治疗实行自愿原则。

诊断结论、病情评估表明，就诊者为严重精神障碍患者并有下列情形之一的，应当对其实施住院治疗：

（一）已经发生伤害自身的行为，或者有伤害自身的危险的；

（二）已经发生危害他人安全的行为，或者有危害他人安全的危险的。

第三十一条 精神障碍患者有本法第三十条第二款第一项情形的，经其监护人同意，医疗机构应当对患者实施住院治疗；监护人不同意的，医疗机构不得对患者实施住院治疗。监护人应当对在家居住的患者做好看护管理。

第三十二条 精神障碍患者有本法第三十条第二款第二项情形，患者或者其监护人对需要住院治疗的诊断结论有异议，不同意对患者实施住院治疗的，可以要求再次诊断和鉴定。

依照前款规定要求再次诊断的，应当自收到诊断结论之日起三日内向原医疗机构或者其他具有合法资质的医疗机构提出。承担再次诊断的医疗机构应当在接到再次诊断要求后指派二名初次诊断医师以外的精神科执业医师进行再次诊断，并及时出具再次诊断结论。承担再次诊断的执业医师应当到收治患者的医疗机构面见、询问患者，该医疗机构应当予以配合。

对再次诊断结论有异议的，可以自主委托依法取得执业资质的鉴定机构进行精神障碍医学鉴定；医疗机构应当公示经公告的鉴定机构名单和联系方式。接受委托的鉴定机构应当指定本机构具有该鉴定事项执业资格的二名以上鉴定人共同进行鉴定，并及时出具鉴定报告。

第三十三条 鉴定人应当到收治精神障碍患者的医疗机构面见、询问患者，该医疗机构应当予以配合。

鉴定人本人或者其近亲属与鉴定事项有利害关系，可能影响其独立、客观、公正进行鉴定的,应当回避。

第三十四条 鉴定机构、鉴定人应当遵守有关法律、法规、规章的规定,尊重科学,恪守职业道德,按照精神障碍鉴定的实施程序、技术方法和操作规范,依法独立进行鉴定,出具客观、公正的鉴定报告。

鉴定人应当对鉴定过程进行实时记录并签名。记录的内容应当真实、客观、准确、完整,记录的文本或者声像载体应当妥善保存。

第三十五条 再次诊断结论或者鉴定报告表明,不能确定就诊者为严重精神障碍患者,或者患者不需要住院治疗的,医疗机构不得对其实施住院治疗。

再次诊断结论或者鉴定报告表明,精神障碍患者有本法第三十条第二款第二项情形的,其监护人应当同意对患者实施住院治疗。监护人阻碍实施住院治疗或者患者擅自脱离住院治疗的,可以由公安机关协助医疗机构采取措施对患者实施住院治疗。

在相关机构出具再次诊断结论、鉴定报告前,收治精神障碍患者的医疗机构应当按照诊疗规范的要求对患者实施住院治疗。

第三十六条 诊断结论表明需要住院治疗的精神障碍患者,本人没有能力办理住院手续的,由其监护人办理住院手续;患者属于查找不到监护人的流浪乞讨人员的,由送诊的有关部门办理住院手续。

精神障碍患者有本法第三十条第二款第二项情形,其监护人不办理住院手续的,由患者所在单位、村民委员会或者居民委员会办理住院手续,并由医疗机构在患者病历中予以记录。

第三十七条 医疗机构及其医务人员应当将精神障碍患者在诊断、治疗过程中享有的权利,告知患者或者其监护人。

第三十八条 医疗机构应当配备适宜的设施、设备,保护就诊和住院治疗的精神障碍患者的人身安全,防止其受到伤害,并为住院患者创造尽可能接近正常生活的环境和条件。

第三十九条 医疗机构及其医务人员应当遵循精神障碍诊断标准和治疗规范,制定治疗方案,并向精神障碍患者或者其监护人告知治疗方案和治疗方法、目的以及可能产生的后果。

第四十条 精神障碍患者在医疗机构内发生或者将要发生伤害自身、危害他人安全、扰乱医疗秩序的行为，医疗机构及其医务人员在没有其他可替代措施的情况下，可以实施约束、隔离等保护性医疗措施。实施保护性医疗措施应当遵循诊断标准和治疗规范，并在实施后告知患者的监护人。

禁止利用约束、隔离等保护性医疗措施惩罚精神障碍患者。

第四十一条 对精神障碍患者使用药物，应当以诊断和治疗为目的，使用安全、有效的药物，不得为诊断或者治疗以外的目的使用药物。

医疗机构不得强迫精神障碍患者从事生产劳动。

第四十二条 禁止对依照本法第三十条第二款规定实施住院治疗的精神障碍患者实施以治疗精神障碍为目的的外科手术。

第四十三条 医疗机构对精神障碍患者实施下列治疗措施，应当向患者或者其监护人告知医疗风险、替代医疗方案等情况，并取得患者的书面同意；无法取得患者意见的，应当取得其监护人的书面同意，并经本医疗机构伦理委员会批准：

（一）导致人体器官丧失功能的外科手术；

（二）与精神障碍治疗有关的实验性临床医疗。

实施前款第一项治疗措施，因情况紧急查找不到监护人的，应当取得本医疗机构负责人和伦理委员会批准。

禁止对精神障碍患者实施与治疗其精神障碍无关的实验性临床医疗。

第四十四条 自愿住院治疗的精神障碍患者可以随时要求出院，医疗机构应当同意。

对有本法第三十条第二款第一项情形的精神障碍患者实施住院治疗的，监护人可以随时要求患者出院，医疗机构应当同意。

医疗机构认为前两款规定的精神障碍患者不宜出院的，应当告知不宜出院的理由；患者或者其监护人仍要求出院的，执业医师应当在病历资料中详细记录告知的过程，同时提出出院后的医学建议，患者或者其监护人应当签字确认。

对有本法第三十条第二款第二项情形的精神障碍患者实施住院治疗，医疗机构认为患者可以出院的，应当立即告知患者及其监护人。

医疗机构应当根据精神障碍患者病情，及时组织精神科执业医师对依照本法第三十条第二款规定实施住院治疗的患者进行检查评估。评估结果表明患者不需要继续住院治疗的，医疗机构应当立即通知患者及其监护人。

第四十五条 精神障碍患者出院，本人没有能力办理出院手续的，监护人应当为其办理出院手续。

第四十六条 医疗机构及其医务人员应当尊重住院精神障碍患者的通讯和会见探访者等权利。除在急性发病期或者为了避免妨碍治疗可以暂时性限制外，不得限制患者的通讯和会见探访者等权利。

第四十七条 医疗机构及其医务人员应当在病历资料中如实记录精神障碍患者的病情、治疗措施、用药情况、实施约束、隔离措施等内容，并如实告知患者或者其监护人。患者及其监护人可以查阅、复制病历资料；但是，患者查阅、复制病历资料可能对其治疗产生不利影响的除外。病历资料保存期限不得少于三十年。

第四十八条 医疗机构不得因就诊者是精神障碍患者，推诿或者拒绝为其治疗属于本医疗机构诊疗范围的其他疾病。

第四十九条 精神障碍患者的监护人应当妥善看护未住院治疗的患者，按照医嘱督促其按时服药、接受随访或者治疗。村民委员会、居民委员会、患者所在单位等应当依患者或者其监护人的请求，对监护人看护患者提供必要的帮助。

第五十条 县级以上地方人民政府卫生行政部门应当定期就下列事项对本行政区域内从事精神障碍诊断、治疗的医疗机构进行检查：

（一）相关人员、设施、设备是否符合本法要求；

（二）诊疗行为是否符合本法以及诊断标准、治疗规范的规定；

（三）对精神障碍患者实施住院治疗的程序是否符合本法规定；

（四）是否依法维护精神障碍患者的合法权益。

县级以上地方人民政府卫生行政部门进行前款规定的检查，应当听取精神障碍患者及其监护人的意见；发现存在违反本法行为的，应当立即制止或者责令改正，并依法作出处理。

第五十一条　心理治疗活动应当在医疗机构内开展。专门从事心理治疗的人员不得从事精神障碍的诊断，不得为精神障碍患者开具处方或者提供外科治疗。心理治疗的技术规范由国务院卫生行政部门制定。

第五十二条　监狱、强制隔离戒毒所等场所应当采取措施，保证患有精神障碍的服刑人员、强制隔离戒毒人员等获得治疗。

第五十三条　精神障碍患者违反治安管理处罚法或者触犯刑法的，依照有关法律的规定处理。

第四章　精神障碍的康复

第五十四条　社区康复机构应当为需要康复的精神障碍患者提供场所和条件，对患者进行生活自理能力和社会适应能力等方面的康复训练。

第五十五条　医疗机构应当为在家居住的严重精神障碍患者提供精神科基本药物维持治疗，并为社区康复机构提供有关精神障碍康复的技术指导和支持。

社区卫生服务机构、乡镇卫生院、村卫生室应当建立严重精神障碍患者的健康档案，对在家居住的严重精神障碍患者进行定期随访，指导患者服药和开展康复训练，并对患者的监护人进行精神卫生知识和看护知识的培训。县级人民政府卫生行政部门应当为社区卫生服务机构、乡镇卫生院、村卫生室开展上述工作给予指导和培训。

第五十六条　村民委员会、居民委员会应当为生活困难的精神障碍患者家庭提供帮助，并向所在地乡镇人民政府或者街道办事处以及县级人民政府有关部门反映患者及其家庭的情况和要求，帮助其解决实际困难，为患者融入社会创造条件。

第五十七条　残疾人组织或者残疾人康复机构应当根据精神障碍患者康复的需要，组织患者参加康复活动。

第五十八条　用人单位应当根据精神障碍患者的实际情况，安排患者从事力所能及的工作，保障患者享有同等待遇，安排患者参加必要的职业技能培训，提高患者的就业能力，为患者创造适宜的工作环境，对患者在工作中取得的成绩予以鼓励。

第五十九条　精神障碍患者的监护人应当协助患者进行生活自理能力和社

会适应能力等方面的康复训练。

精神障碍患者的监护人在看护患者过程中需要技术指导的，社区卫生服务机构或者乡镇卫生院、村卫生室、社区康复机构应当提供。

第五章 保障措施

第六十条 县级以上人民政府卫生行政部门会同有关部门依据国民经济和社会发展规划的要求，制定精神卫生工作规划并组织实施。

精神卫生监测和专题调查结果应当作为制定精神卫生工作规划的依据。

第六十一条 省、自治区、直辖市人民政府根据本行政区域的实际情况，统筹规划，整合资源，建设和完善精神卫生服务体系，加强精神障碍预防、治疗和康复服务能力建设。

县级人民政府根据本行政区域的实际情况，统筹规划，建立精神障碍患者社区康复机构。

县级以上地方人民政府应当采取措施，鼓励和支持社会力量举办从事精神障碍诊断、治疗的医疗机构和精神障碍患者康复机构。

第六十二条 各级人民政府应当根据精神卫生工作需要，加大财政投入力度，保障精神卫生工作所需经费，将精神卫生工作经费列入本级财政预算。

第六十三条 国家加强基层精神卫生服务体系建设，扶持贫困地区、边远地区的精神卫生工作，保障城市社区、农村基层精神卫生工作所需经费。

第六十四条 医学院校应当加强精神医学的教学和研究，按照精神卫生工作的实际需要培养精神医学专门人才，为精神卫生工作提供人才保障。

第六十五条 综合性医疗机构应当按照国务院卫生行政部门的规定开设精神科门诊或者心理治疗门诊，提高精神障碍预防、诊断、治疗能力。

第六十六条 医疗机构应当组织医务人员学习精神卫生知识和相关法律、法规、政策。

从事精神障碍诊断、治疗、康复的机构应当定期组织医务人员、工作人员进行在岗培训，更新精神卫生知识。

县级以上人民政府卫生行政部门应当组织医务人员进行精神卫生知识培

训，提高其识别精神障碍的能力。

第六十七条 师范院校应当为学生开设精神卫生课程；医学院校应当为非精神医学专业的学生开设精神卫生课程。

县级以上人民政府教育行政部门对教师进行上岗前和在岗培训，应当有精神卫生的内容，并定期组织心理健康教育教师、辅导人员进行专业培训。

第六十八条 县级以上人民政府卫生行政部门应当组织医疗机构为严重精神障碍患者免费提供基本公共卫生服务。

精神障碍患者的医疗费用按照国家有关社会保险的规定由基本医疗保险基金支付。医疗保险经办机构应当按照国家有关规定将精神障碍患者纳入城镇职工基本医疗保险、城镇居民基本医疗保险或者新型农村合作医疗的保障范围。县级人民政府应当按照国家有关规定对家庭经济困难的严重精神障碍患者参加基本医疗保险给予资助。医疗保障、财政等部门应当加强协调，简化程序，实现属于基本医疗保险基金支付的医疗费用由医疗机构与医疗保险经办机构直接结算。

精神障碍患者通过基本医疗保险支付医疗费用后仍有困难，或者不能通过基本医疗保险支付医疗费用的，医疗保障部门应当优先给予医疗救助。

第六十九条 对符合城乡最低生活保障条件的严重精神障碍患者，民政部门应当会同有关部门及时将其纳入最低生活保障。

对属于农村五保供养对象的严重精神障碍患者，以及城市中无劳动能力、无生活来源且无法定赡养、抚养、扶养义务人，或者其法定赡养、抚养、扶养义务人无赡养、抚养、扶养能力的严重精神障碍患者，民政部门应当按照国家有关规定予以供养、救助。

前两款规定以外的严重精神障碍患者确有困难的，民政部门可以采取临时救助等措施，帮助其解决生活困难。

第七十条 县级以上地方人民政府及其有关部门应当采取有效措施，保证患有精神障碍的适龄儿童、少年接受义务教育，扶持有劳动能力的精神障碍患者从事力所能及的劳动，并为已经康复的人员提供就业服务。

国家对安排精神障碍患者就业的用人单位依法给予税收优惠，并在生产、经营、技术、资金、物资、场地等方面给予扶持。

第七十一条 精神卫生工作人员的人格尊严、人身安全不受侵犯，精神卫生工作人员依法履行职责受法律保护。全社会应当尊重精神卫生工作人员。

县级以上人民政府及其有关部门、医疗机构、康复机构应当采取措施，加强对精神卫生工作人员的职业保护，提高精神卫生工作人员的待遇水平，并按照规定给予适当的津贴。精神卫生工作人员因工致伤、致残、死亡的，其工伤待遇以及抚恤按照国家有关规定执行。

第六章 法律责任

第七十二条 县级以上人民政府卫生行政部门和其他有关部门未依照本法规定履行精神卫生工作职责，或者滥用职权、玩忽职守、徇私舞弊的，由本级人民政府或者上一级人民政府有关部门责令改正，通报批评，对直接负责的主管人员和其他直接责任人员依法给予警告、记过或者记大过的处分；造成严重后果的，给予降级、撤职或者开除的处分。

第七十三条 不符合本法规定条件的医疗机构擅自从事精神障碍诊断、治疗的，由县级以上人民政府卫生行政部门责令停止相关诊疗活动，给予警告，并处五千元以上一万元以下罚款，有违法所得的，没收违法所得；对直接负责的主管人员和其他直接责任人员依法给予或者责令给予降低岗位等级或者撤职、开除的处分；对有关医务人员，吊销其执业证书。

第七十四条 医疗机构及其工作人员有下列行为之一的，由县级以上人民政府卫生行政部门责令改正，给予警告；情节严重的，对直接负责的主管人员和其他直接责任人员依法给予或者责令给予降低岗位等级或者撤职、开除的处分，并可以责令有关医务人员暂停一个月以上六个月以下执业活动：

（一）拒绝对送诊的疑似精神障碍患者作出诊断的；

（二）对依照本法第三十条第二款规定实施住院治疗的患者未及时进行检查评估或者未根据评估结果作出处理的。

第七十五条 医疗机构及其工作人员有下列行为之一的，由县级以上人民政府卫生行政部门责令改正，对直接负责的主管人员和其他直接责任人员依法给予或者责令给予降低岗位等级或者撤职的处分；对有关医务人员，暂停六个月以上一年以下执业活动；情节严重的，给予或者责令给予开除的处分，并吊销有关医务人员的执业证书：

（一）违反本法规定实施约束、隔离等保护性医疗措施的；

（二）违反本法规定，强迫精神障碍患者劳动的；

（三）违反本法规定对精神障碍患者实施外科手术或者实验性临床医疗的；

（四）违反本法规定，侵害精神障碍患者的通讯和会见探访者等权利的；

（五）违反精神障碍诊断标准，将非精神障碍患者诊断为精神障碍患者的。

第七十六条　有下列情形之一的，由县级以上人民政府卫生行政部门、工商行政管理部门依据各自职责责令改正，给予警告，并处五千元以上一万元以下罚款，有违法所得的，没收违法所得；造成严重后果的，责令暂停六个月以上一年以下执业活动，直至吊销执业证书或者营业执照：

（一）心理咨询人员从事心理治疗或者精神障碍的诊断、治疗的；

（二）从事心理治疗的人员在医疗机构以外开展心理治疗活动的；

（三）专门从事心理治疗的人员从事精神障碍的诊断的；

（四）专门从事心理治疗的人员为精神障碍患者开具处方或者提供外科治疗的。

心理咨询人员、专门从事心理治疗的人员在心理咨询、心理治疗活动中造成他人人身、财产或者其他损害的，依法承担民事责任。

第七十七条　有关单位和个人违反本法第四条第三款规定，给精神障碍患者造成损害的，依法承担赔偿责任；对单位直接负责的主管人员和其他直接责任人员，还应当依法给予处分。

第七十八条　违反本法规定，有下列情形之一，给精神障碍患者或者其他公民造成人身、财产或者其他损害的，依法承担赔偿责任：

（一）将非精神障碍患者故意作为精神障碍患者送入医疗机构治疗的；

（二）精神障碍患者的监护人遗弃患者，或者有不履行监护职责的其他情形的；

（三）歧视、侮辱、虐待精神障碍患者，侵害患者的人格尊严、人身安全的；

（四）非法限制精神障碍患者人身自由的；

(五) 其他侵害精神障碍患者合法权益的情形。

第七十九条　医疗机构出具的诊断结论表明精神障碍患者应当住院治疗而其监护人拒绝，致使患者造成他人人身、财产损害的，或者患者有其他造成他人人身、财产损害情形的，其监护人依法承担民事责任。

第八十条　在精神障碍的诊断、治疗、鉴定过程中，寻衅滋事，阻挠有关工作人员依照本法的规定履行职责，扰乱医疗机构、鉴定机构工作秩序的，依法给予治安管理处罚。

违反本法规定，有其他构成违反治安管理行为的，依法给予治安管理处罚。

第八十一条　违反本法规定，构成犯罪的，依法追究刑事责任。

第八十二条　精神障碍患者或者其监护人、近亲属认为行政机关、医疗机构或者其他有关单位和个人违反本法规定侵害患者合法权益的，可以依法提起诉讼。

第七章　附　则

第八十三条　本法所称精神障碍，是指由各种原因引起的感知、情感和思维等精神活动的紊乱或者异常，导致患者明显的心理痛苦或者社会适应等功能损害。

本法所称严重精神障碍，是指疾病症状严重，导致患者社会适应等功能严重损害、对自身健康状况或者客观现实不能完整认识，或者不能处理自身事务的精神障碍。

本法所称精神障碍患者的监护人，是指依照民法通则的有关规定可以担任监护人的人。

第八十四条　军队的精神卫生工作，由国务院和中央军事委员会依据本法制定管理办法。

第八十五条　本法自2013年5月1日起施行。

注册系统大事记*

2004年，钟杰等人发起并着手收集发达国家心理治疗与咨询人员资格认证资料，考虑注册系统初期框架及标准设置问题。

2005年，钱铭怡、陈向一、侯志瑾和李鸣等负责起草《伦理守则》，钱铭怡执笔总撰；钟杰等负责起草《注册标准》。

2005年12月，"临床与咨询心理学专业机构和专业人员注册系统(筹)"成立，下设三个工作组：标准制定工作组、注册工作组、伦理工作组。

2006年，注册系统的三个工作组分别于1月7日(北京)、5月24日(杭州)、6月30日(北京)召开工作会议，讨论并修改注册系统的两个重要文件；6月，经由委员推举、本人自愿的方式，产生了首批注册督导师109人。

2006年12月28日，正式向中国心理学会申请成立注册系统，并申请学会批准《注册标准》和《伦理守则》两个文件。

2007年1月，建立注册系统网站。确定注册工作组和标准制定工作组组长钱铭怡，副组长赵旭东；伦理工作组组长樊富珉，副组长肖泽萍；秘书组组长钟杰。

2007年1月14日，注册系统工作组在北京胜利饭店召开工作会议，修改并最终完成《注册标准》和《伦理守则》。

2007年2月5日，中国心理学会常务理事会通过了《注册标准》及《伦理守则》两个文件，标志着注册系统正式成立。

2007年5月22日，注册系统工作组在上海光大会议中心召开会议，讨论伦理投诉和注册评审原则等问题。

---

* 2004年至2018年9月的大事记由钱铭怡整理，2012年第一版，2013年第二版，2017年第三版，2018年第四版，2019年第五版；感谢多位同行提供信息并提出宝贵意见。2018年9～12月的大事记由注册系统秘书组整理。

2007年6月22～23日，对2007年度申请心理师注册登记的人员的情况进行了讨论和审核，100名注册心理师候选人通过评审；并确立了伦理投诉的相关处理流程。

2007年10月，《心理学报》第五期刊发注册系统的两个重要文件：《中国心理学会临床与咨询心理学专业机构和专业人员注册标准(第一版)》和《中国心理学会临床与咨询心理学工作伦理守则(第一版)》。

2007年11月29日，注册系统工作组召开会议，讨论2008年年度工作安排。

2007年12月6日，于北京邮电疗养院召开中国心理学会临床与咨询心理学注册系统第一批注册督导师和心理师注册证书和名牌颁发仪式。时任中国心理学会理事长张侃到会讲话并为督导师和心理师颁发证书和名牌。

2008年1月1日，国际心理治疗联盟(IFP)接纳注册系统的注册督导师为IFP集体会员。

2008年5月14日，"5·12"汶川大地震后第二天，中国心理学界危机干预和灾难心理援助项目组在京成立，项目组由中国心理学会、北京大学心理学系、北京心理卫生协会三家单位组成，其成员以注册系统专业人员为主，开展了一系列对地震灾区的心理援助工作。此后，一批注册系统专业人员长期坚持为灾区进行心理干预和专业培训工作。

2008年6月15日，注册工作组和伦理工作组在京召开会议，对2008年度申请心理师和督导师注册登记的人员的情况进行了讨论和审核。

2008年8月，在德国德中心理治疗研究院协助下，注册系统成员赵旭东、肖泽萍等发起并参加由卫生部疾控局精神卫生处、上海市卫生局领导带队的考察访问活动，赴德国、奥地利针对心理治疗管理问题开展专题调研，对推进《中华人民共和国精神卫生法》的起草工作具有积极影响。

2008年10月12～15日，第五届世界心理治疗大会在北京召开，注册系统负责人钱铭怡担任大会联合主席。1500多位中外代表参加了此次会议。

2009年7月3～4日，注册工作组和伦理工作组在京召开会议，对2009年度申请心理师和督导师注册登记的人员的情况进行了讨论和审核；讨论了注册系统成员重新登记细则等事项。

2009 年 7 月 5~6 日，第一届中国心理学会临床与咨询心理学专业机构和专业人员注册系统会议在北京召开。会议通过全体与会会员直选的方式，增选施琪嘉、徐凯文、桑志芹、盛晓春、陆晓娅为注册系统委员会委员。

2009 年 7 月 19 日，由注册系统和中国金融工会主办的"四川地震灾区金融机构工会心理援助志愿者培训项目"启动。

2009 年 10 月，第一批注册督导师重新登记工作启动。

2010 年，确定了第二届注册系统委员会成员，第二届注册系统委员会开始运作。注册工作组、标准制定工作组组长为钱铭怡，副组长赵旭东；伦理工作组组长樊富珉，副组长肖泽萍；秘书组组长徐凯文。启动对继续教育项目的审查及注册工作。创办内部电子刊物《注册系统通讯》。

2010 年 11 月，第一批注册心理师重新登记工作启动。

2011 年 2 月 11 日，召开部分在京委员会议，讨论助理心理师注册登记工作启动等问题。增加了助理心理师这一新的专业人员注册类别。

2011 年 4 月 11 日，召开常务委员会议，讨论注册系统与北京市监狱管理局、共青团中央权益部 12355 青少年服务台两个合作培训项目事宜。

2011 年 5~6 月，国务院公布《中华人民共和国精神卫生法(草案)》并向全社会征求意见，内容涉及心理治疗与咨询，中国心理学会以学会名义提交了意见，注册系统多名成员参与提出意见和建议。

2011 年 6 月 13 日，召开部分委员会议，讨论合作项目进展、对《中华人民共和国精神卫生法(草案)》的意见和建议等。

2011 年 7 月，注册系统和北京市监狱管理局合作进行北京市监狱管理局各单位专职心理师培训和督导项目，负责人贾晓明，秘书左月侠，注册系统委派多名注册督导师参与项目。

2011 年 7 月，注册系统与共青团中央权益部签署"12355 青少年服务台培训项目协议"。

2011 年 7 月 9~10 日，召开注册工作组和伦理工作组会议，对 2011 年度申请心理师和督导师注册登记的人员的情况进行讨论和审核。会议决定增设监事组，梁宝勇任组长。

2011年8月，由中国心理卫生协会心理治疗与心理咨询专业委员会、精神分析专业委员会、团体心理辅导与治疗专业委员会和中国心理学会临床与咨询心理学专业机构和专业人员注册系统、临床与咨询心理学专业委员会联合举办的首届中国心理治疗大会在哈尔滨召开。

2011年10月，全国人大公布《中华人民共和国精神卫生法(草案)》并向全社会征求意见，内容涉及心理治疗与咨询，中国心理学会临床与咨询心理学分会及注册系统就"草案"中的问题再次提交意见。

2011年12月27日，部分委员讨论注册实习机构、北京市监狱管理局和共青团12355项目培训、伦理问题及未来发展等事宜。

2012年3月2日，钱铭怡、樊富珉代表到人大法工委汇报心理学界对《精神卫生法》的修改意见。

2012年5月7日，部分委员讨论筹备第二届注册系统会议及继续教育项目、实习机构注册登记等事宜。

2012年7月5日，注册工作组和伦理工作组召开会议，对2012年度申请心理师和督导师注册登记的人员的情况进行讨论和审核。实习机构的注册登记工作启动。

2012年7月6~8日，第二届中国心理学会临床与咨询心理学专业机构和专业人员注册系统会议暨中国心理学会临床与咨询心理学分会2012年学术会议在北京大学召开。

2012年8月，在德国德中心理治疗研究院协助下，注册系统成员肖泽萍、赵旭东发起协调，并参加由全国人大常委会法工委行政法室领导、卫生部疾控局及法规司领导、上海市卫生局领导带队的第二次考察访问活动，为推进《中华人民共和国精神卫生法》的出台，赴德国、法国针对心理治疗管理问题开展专题调研。

2012年10月，注册系统承接了中国科协"学会能力提升项目"中的子项目"心理咨询与心理治疗培训督导项目(第一期)"。负责人钱铭怡、贾晓明，秘书张黎黎。项目第一批试点包括：河南、山西、四川、江苏、山东、湖北、上海。

2012年11月19日，注册系统钱铭怡、樊富珉、徐凯文等会同科协交流部、国际联络部港澳台交流处领导与澳门心理学会理事长陈思恒见面，商谈澳门心理学会与中国心理学会合作，及澳门心理学会成员未来加入注册系统事宜，获得科协领导支持。

2012年12月～2013年1月，注册系统对待评估的七家实习机构进行逐一实地评估。

2013年1月，注册系统成员樊富珉、江光荣、祝卓宏、钟杰等代表内地临床心理学界，赴香港中文大学心理学系参加"大中华地区临床与咨询心理学胜任力研讨会"，会议讨论并发布了"华人临床心理核心胜任力"，共七大类29种。

2013年1月20日，中国心理学会临床与咨询心理学分会及注册系统邀请人大法工委李文阁处长对《中华人民共和国精神卫生法》进行解读。

2013年3月24日，中国心理学会常务理事会批准建立"中国心理学会临床心理学注册工作委员会(筹)"。

2013年3月27日，与北京市监狱管理局签署"委托培训合作协议"。

2013年4月20日，四川省雅安地区发生7.0级地震，注册系统成员前往地震灾区开展心理援助工作。

2013年5月12日，汶川地震五周年纪念日，多名曾参与汶川地震心理援助工作的注册系统成员参加了纪念及研讨活动。

2013年6月1日，注册系统第一批注册实习机构在通过资格审核、实地评估和三个月的伦理公示后正式挂牌。首批注册实习机构是：北京理工大学心理与社会工作实验室、北京大学心理健康教育与咨询中心、首都师范大学心理咨询中心、武汉市心理医院、华中师范大学心理健康教育中心、南京大学心理健康教育与研究中心。

2013年6月18日，召开部分在京委员会议，就2013年即将开展的第三届注册工作组、伦理工作组成员选举工作的程序及《选举实施细则(草案)》进行了讨论。

2013年7月，注册系统韩布新、钟杰赴瑞典参加国际心理学专业胜任力标准的研讨会。

2013年7月，注册系统对中国心理学会领导的"学会能力提升项目"中的子项目"心理咨询与心理治疗培训督导项目"进行了总结。

2013年7月20~21日，注册工作组和伦理工作组召开会议，对2013年度申请心理师和督导师注册登记的人员的情况进行讨论和审核，确定对2013年度申请实习机构注册的单位的审核和评估日程。

2013年7月21~23日，第三届中国心理学会临床与咨询心理学专业机构和专业人员注册系统会议暨中国心理学会临床与咨询心理学专业委员会2013年学术会议在北京召开。会议主题为"《中华人民共和国精神卫生法》颁布后心理健康工作的跨学科合作"。会议期间举行了注册系统全体成员大会(7月22日)，选举出中国心理学会临床心理学注册工作委员会(筹)委员(第三届委员)。

2013年8月6~8日，由中国心理学会临床与咨询心理学专业委员会、中国心理学会临床与咨询心理学专业机构和专业人员注册系统主办的"7·22甘肃岷县、漳县灾后心理援助工作培训班"于兰州举办。

2013年9月，"心理咨询与心理治疗培训督导项目"第一期第二年新增陕西、福建、浙江和天津4个督导点，及北京市监狱管理局培训项目点。

2013年9月28日~10月24日，对第二批申请实习机构注册登记的五家机构进行了实地审核，3家机构通过审核，于2014年1月正式挂牌。

2013年12月6~12日，钱铭怡、樊富珉、桑志芹、贾晓明等赴台湾参加学术会议。会后分别参观了台湾师范大学、台湾大学、台湾教育大学、东华大学、彰化师大等高校临床与咨商系所，以及门诺医院、慈济大学医院等，考察2001年我国台湾地区心理师相关规定实施后临床与咨询心理学学生的培养情况及发展趋势。

2013年12月29日，注册系统召开新一届委员会议，讨论委员分工问题。注册工作组组长：钱铭怡；副组长赵旭东、江光荣。伦理工作组组长：樊富珉；副组长：陈向一、侯志瑾。标准制定工作组组长：钱铭怡；副组长：钟杰。监事组组长：肖泽萍；副组长：霍莉钦。秘书长徐凯文，副秘书长官锐园。

2014年，对督导师注册登记的要求及评审方式进行改进：要求提交督导录像。

2014年2月12日，伦理工作组接到第一例实名投诉；2月13日成立专门工作小组；2月14日召开伦理工作组首例实名投诉事件第一次会议；4月4日召开第二次会议；6月30日在北京大学进行投诉人调查质证工作并提交监事组复议。

2014年3月8～16日，受美国国际华人心理与援助专业协会(Association of Chinese Helping Professionals and Psychologists-International，ACHPPI)邀请，注册系统代表团霍莉钦、侯志瑾、江光荣、贾晓明、钱铭怡、徐凯文、钟杰赴美国访问。期间参加了APA17分会——咨询分会会议，对APA总部、国立儿童医院、马里兰大学进行了访问。期间与美国咨询心理学界多位学会、学界领导、专家见面研讨，并与华裔咨询心理学同仁进行了交流。代表团重点学习了美国APA的建构与管理，临床与咨询心理学培养项目、实习机构的认证与要求。

2014年5月，注册系统伦理工作组编制了标准的伦理培训课件。

2014年5月8日，伦理工作组邀请台湾彰化师大王智弘老师在上海精神卫生中心为注册系统伦理工作组委员及其他委员进行了专门的伦理培训，并对相关伦理案例进行了研讨。

2014年5月9～11日，第21届国际心理治疗联盟世界心理治疗大会：心理治疗对全球健康的贡献(The 21st IFP World Congress of Psychotherapy: Psychotherapy Contributing to Global Health)暨第二届中国心理治疗大会在上海召开，赵旭东任大会中方主席。

2014年5～6月，对第三批申请实习机构注册登记的机构进行实地审查，其中四家机构通过审查，于2015年1月正式挂牌。

2014年7月，注册系统微信平台上线。

2014年7月12～13日，注册工作组和伦理工作组召开会议，对2014年度申请心理师和督导师注册登记的人员的情况进行讨论和审核；伦理工作组编制了《注册系统伦理投诉案件处理办法》。

2014年7月29日，中国心理学会常务理事会批准临床心理学注册工作委员会转正，这个工作委员会是注册系统的领导机构。主任委员钱铭怡，副主任委员樊富珉、江光荣、赵旭东。

2014年11月8日，中国心理学会学会能力提升专项心理咨询与心理治疗培训督导项目第一期(2012—2014)专家评审会(杭州)在浙江大学举行。7 位评审专家对心理咨询与心理治疗培训督导项目的成果给予充分肯定。2014 年项目新增安徽、重庆督导点，项目点达 14 个。

2014 年 11 月 28 日，"中国心理学会学会能力提升专项心理咨询与心理治疗培训督导项目第一期(2012—2014)总结与专家评审会(北京)"在北京邮电疗养院举行。5 位评审专家一致认为一期项目具开创性，已超额完成了预期目标，起到了示范作用。与会议督导点负责人一起交流了开展此项目工作的经验。

2015 年 3 月，伦理工作组修改和完善了《伦理投诉处理流程》。

2015 年 4 月 21 日，教育部思政司高校心理健康专家委员会换届会议，注册系统多位成员进入专家委员会。

2015 年 6 月 18～19 日，国家卫计委疾控局在北京召开心理咨询和治疗服务研讨会，注册系统成员参会并发言。

2015 年 7 月 10 日，注册系统召开委员会议，各工作组介绍对个人及实习机构的评审结果，江光荣介绍对心理师评审方式修改的研究结果；伦理工作组汇报对伦理申诉的复查意见，监事组汇报对上一年度伦理案例的监察处理意见；会议正式确定了中国心理学会临床心理学注册工作委员会的标志；两家实习机构于 2015 年通过核查，成为第四批注册登记的实习机构，于 2016 年 1 月正式挂牌。

2015 年 7 月 11～12 日，第四届中国心理学会临床与咨询心理学专业机构和专业人员注册系统会议暨中国心理学会临床与咨询心理学专业委员会 2015 年学术会议在北京大学中关新园召开，会议期间(7 月 11 日)召开了会员代表大会。

2015 年 6 月和 11 月，江光荣负责组织了中美心理咨询与治疗临床督导培训项目，由美国督导学界的著名专家 R.Goodyear, C.Flander 及段昌明教授主持，6 月 13～19 日和 11 月 9～15 日共进行了两期培训。

2015 年 8 月，注册系统在官方网站上公布了首例涉伦理问题实名投诉的处理意见。确认被投诉人在有效注册期间内违背了《伦理守则》1.8 和 1.9 条款，依据《注册系统伦理投诉案件处理办法》，给予其永久除名的处理。

2015 年 8 月 21～22 日，"8·12"天津港危险品大爆炸后，注册系统成员赴天津对专业人员进行了心理援助的专业培训，注册系统成员参与了心理援助工作。

2015 年，注册系统在中国心理学会领导的"学会能力提升项目"中承担了子项目"心理咨询与心理治疗培训督导项目"第二期。除北京市监狱管理局点结项之外，项目第一期的其他 13 个督导点继续开展工作，另增辽宁、黑龙江、甘肃 3 个督导点。

2016 年 4～6 月，对心理师注册登记的评审方式进行了修改，要求提交咨询或治疗录音和录音誊录稿，以及反思性实践报告等。

2016 年 6 月 13～14 日，由全国应用心理专业学位研究生教学指导委员会主办，中国心理学会临床与咨询心理学专业委员会、临床心理学注册工作委员会和华中师范大学心理学院承办的临床与咨询心理学 2016 教学研讨会在武汉召开。会议起草并一致通过了《关于中国临床与咨询心理专业研究生培养的若干共识》，明确了临床与咨询心理学"学术型"及"应用型"研究生的培养目标，提出未来应单独设立临床与咨询心理学专业等重要观点。

2016 年 7 月 9～10 日，注册系统委员会议在北京九华山庄召开，会议讨论了注册系统发展定位、管理规则、督导点发展方向等重要议题；并讨论了《注册标准》及《伦理守则》修改等事项。

2016 年 8 月 1 日，注册系统 9 人委员会核心成员召开网络会议，讨论对各重要事项的落实问题。

2016 年 8 月 5 日，钱铭怡在美国丹佛召开的 APA 会议美国心理治疗发展协会(SAP)年会上介绍注册系统情况，江光荣介绍注册系统的督导师培训项目。10 月，注册系统多名委员多次参加国家卫计委组织的会议调研及研讨，为起草 2016 年 12 月出台的《关于加强心理健康服务的指导意见》的 77 号文件献计献策。赵旭东、钟杰执笔完成了《部分国家和地区心理健康服务及管理模式简介》的调研报告，为上述文件提供了基本信息。

2016 年 12 月 13 日，注册工作组召开网络会议，讨论《注册标准》的修改问题。

2016 年，"心理咨询与心理治疗培训督导项目"第二期第二年项目建立领导小组，成员为钱铭怡、贾晓明、陈向一，项目新增云南、广东、广西、青海 4个督导点。

2017年，"心理咨询与心理治疗培训督导项目"第二期第三年增加两个新类型的督导点，湖南督导点培育点和江苏督导点中小学分点。

2017年2月18日，成立《伦理守则》修订工作组，由樊富珉负责，在清华大学修订完成了《伦理守则(第二稿)》，提交注册系统讨论。

2017年3月2～3日，为落实《关于加强心理健康服务的指导意见》，卫计委在长沙召开了"关于精神卫生和临床心理学人才培养会议"，注册系统部分主要委员参会。

2017年4月，樊富珉、钱铭怡、江光荣、桑志芹、贾晓明、钟杰等，为更好开展临床与咨询心理学的学历培养致信教育部长陈宝生。获得批示后，4月21日，教育部国务院学位办、研究生培养处召开"关于临床与咨询心理学人才培养沟通会"，除教育部有关领导外，国务院学位办心理学学科评议组负责人董奇，全国应用心理专业学位研究生教学指导委员会负责人吴艳红、谢晓非等出席，注册系统樊富珉、钱铭怡、钟杰等成员及北京师范大学乔志宏出席。

2017年4月22～23日，由中国心理学会临床心理学注册工作委员会、华中师范大学心理学院与湖北东方明见心理健康研究中心联合主办，美国心理治疗发展学会协办的"督导与伦理：心理咨询与治疗的专业化"研讨会在武汉召开。

2017年5月13～14日，教育部本科心理学教指委会议在山西太原召开，桑志芹介绍注册系统对临床及咨询心理学本科生的培养要求。

2017年5月26～27日，教育部全国应用心理专业学位研究生教学指导委员会会议在烟台召开，钱铭怡介绍了注册系统对临床与咨询心理学研究生培养标准，及规范化培养的要求。

2017年5～6月，注册系统成员对第五批申请实习机构注册登记的机构进行实地审查；3个机构通过审查及伦理公示，于2017年7月授牌。

2017年6月28～29日，注册系统委员会议在北京大学中关新园召开，会议讨论了新版《伦理守则》及《注册标准》的修改内容。

2017年6月30日～7月2日，第五届中国心理学会临床与咨询心理学专业机构和专业人员注册系统会议暨中国心理学会临床与咨询心理学专业委员会2017年学术会议在北京大学召开。在会议期间召开的注册系统会员代表大会上，选举出第四届委员会委员；会议第一次颁发了以临床与咨询心理学领域三位杰出的人物命名的奖项：陈仲庚卓越临床心理科研贡献奖、万文鹏卓越临床心理社会工作贡献奖、钟友彬卓越临床心理咨询与治疗贡献奖，获奖者分别为钱铭怡、马佳丽(德国)和樊富珉。

2017年7月24～28日，钱铭怡、赵旭东、贾晓明等注册系统委员参加在法国巴黎联合国教科文组织(UNESCO)大楼召开的第八届世界心理治疗大会。会议期间举行了世界心理治疗学会(WCP)理事会会议，钱铭怡向理事会提交了关于注册系统工作与中国心理治疗发展情况的报告。

2017年9月8日，注册系统委员参加了卫计委组织的中国心理学会、中国心理卫生协会、中国社会心理学会国家心理健康服务建设的研讨会，贾晓明和江光荣分别代表注册工作委员会、临床与咨询心理学专业委员会，报告了参与国家心理健康服务建设的设想并针对国家心理健康服务队伍发展提出了建设性意见。

2017年9月12日，人社部公布国家职业资格考试目录，"心理咨询师"未出现在目录中。

2017年9月29～30日，10月8日，11月4日、14日、20日、21日，注册系统多次召开专门工作小组会议及常务委员会议，遵照卫计委指示，就"起草对心理咨询与治疗行业从业人员的规范和发展规划"进行研讨。贾晓明代表注册系统向卫计委领导进行汇报。

2017年10月14～15日，中国心理学会学会能力提升专项心理咨询与心理治疗培训督导项目第二期(2015—2017)总结与专家评审会在北京大学举行。参加评审的5位专家一致认为此项目超额完成了任务，是一项对心理咨询与心理治疗专业人员的胜任力提高具有积极意义的工作。

2017年12月3日，注册系统第四届委员在北京大学召开会议，讨论了委员分工。新一届委员会主任为贾晓明；副主任：钱铭怡、桑志芹、赵旭东、钟杰。会议对过去已有条文进行了梳理，补充、完善了工作条例和管理规定，讨论通过了 6 月第三届委员会起草的特殊通道申请制督导师条例。

2017 年 12 月 16～20 日，注册系统与全国应用心理专业学位研究生教学指导委员会合作进行了伦理课程的师资培训。

2017 年 12 月 21 日上午，贾晓明、钱铭怡等参加卫计委会议。12 月 22 日晚，注册系统主要委员召开网络会议，通报卫计委要求中国心理学会与中国心理卫生协会在人员管理方面进行合作的情况。

2017 年 12 月 24 日，由时任中国心理学会理事长傅小兰授权，韩布新副秘书长及注册系统成员代表与中国心理卫生协会代表一起在北京安定医院对未来工作规划和设想进行讨论以达成共识。

2017 年 12 月 25 日下午，部分委员就《伦理守则(第二版)》和《注册标准(第二版)》修改事项进行讨论；当晚，注册系统工作小组讨论特殊通道申请制督导师注册登记事宜。

2017 年 12 月 26 日，卫计委疾控局副局长王斌主持召开心理健康服务专家座谈会，王斌副局长对全国心理健康服务工作发表了重要讲话，贾晓明代表中国心理学会介绍了注册系统未来工作发展规划和设想。注册系统成员樊富珉、赵旭东、钱铭怡、祝卓宏、徐凯文等参加了此次会议。

2017 年 12 月 30 日，注册系统派出审核小组，对注册系统确定的第一批实习机构南京大学心理健康教育与研究中心进行了重新注册登记的审核。

2017 年 12 月 31 日晚，注册系统第三届常务委员会召开最后一次网络会议，讨论《伦理守则(第二版)》和《注册标准(第二版)》修改稿。

2018 年 1～5 月，注册系统派出审核小组，对注册系统确定的第一批其他 5 家实习机构进行了重新注册登记的审核。

2018 年 1 月 9 日，教育部全国应用心理专业学位研究生教学指导委员会会议在天津师范大学召开，钱铭怡代表注册系统发言，阐述对临床与咨询心理学专业发展的思考。

2018 年 1 月 20 日，注册系统召开会议，讨论《伦理守则(第二版)》和《注册标准(第二版)》修改问题；同一天召开主任委员及各小组组长会议，讨论《临床心理学注册工作委员会组织管理细则(草案)》及《秘书组、秘书长工作条例(草案)》等。

2018年1月21日,向中国心理学会提交《注册标准(第二版)》和《伦理守则(第二版)》。

2018年2月3日,第四届临床心理学注册工作委员会常委例会,建议成立高校系统工作小组并确定每月第一个星期六晚7:30~9:30为常委会例会时间。

2018年2月8日,中国心理学会常务理事批准通过《注册标准(第二版)》和《伦理守则(第二版)》。

2018年2月12日,伦理工作组会议,讨论并确定专业伦理三级培训框架。

2018年2月21日,召开网络会议,讨论提请政协委员在全国政协会议上为"心理师法"立法提案的相关事项。

2018年2月27日,教育部全国应用心理专业学位研究生教学指导委员会下设的临床专家小组成员确定,包括钱铭怡、樊富珉、江光荣、贾晓明、桑志芹等注册系统成员及北京师范大学乔志宏、刘兴华、钟杰担任秘书。专家小组召开第一次网络会议,与临床心理学专业委员会讨论临床心理学专业发展问题。

2018年3月6日,督导点领导小组召开督导点负责人和秘书网络会议,阐述2018年度各督导点工作计划及遇到的问题。

2018年4月3日上午,贾晓明、钱铭怡、卢贺代表注册系统到中国心理学会汇报近期工作。心理学会领导对注册系统的工作给予充分肯定,并表示支持。

2018年4月22日晚,部分在京委员在北京大学哲学楼参加注册工作委员会会议,外地委员通过网络参加,会上介绍了注册系统近期工作情况,到会委员领取了委员证书并签署了履职承诺书。

2018年4月27日,国家卫健委疾控局在上海召开"《中华人民共和国精神卫生法》配套规范性文件制定工作会议",注册系统多位委员参会。

2018年5月17日,国家卫健委成立精神卫生和心理健康专家委员会,注册系统樊富珉、贾晓明、江光荣、钱铭怡、徐凯文、赵旭东、祝卓宏、张天布等8人担任委员。

2018年6月23~24日,注册系统委员会会议在北京大学召开。各工作组汇报2018年上半年工作进展,注册工作组、伦理工作组及标准制定工作组对各自负责工作进行了分组讨论。会上着重介绍了特殊通道申请制督导师审核结果、网站建设工作、督导点工作未来发展等多项重要议题；同意建立并启动注册系统注册人员管理、各项注册评审网站。

2018年6月24日晚～26日，由美国专家Rodney K. Goodyear 和Carol A. Falender为注册系统委员及督导点负责人举办专门的督导工作坊。

2018年6月25日晚，督导点负责人会议在北京大学召开，着重讨论督导点近期遇到的问题。

2018年7月，3个实习机构通过实地审查并进行伦理公示，于2019年1月正式挂牌。

2018年7月1日，《注册标准(第二版)》和《伦理守则(第二版)》正式实施。

2018年8月1日，第一批特殊通道申请制督导师通过资格审查，进入伦理公示流程。

2018年8月3日，伦理工作组桑志芹提议，8月3日常委会讨论后发布委员会微信群群规。

2018年8月10日，江苏省注册助理心理师评审试点通过人员进行伦理公示。

2018年9月1日，临床心理学注册工作委员会发布《申请制心理师申请条例(试行)》和《申请制助理心理师申请条例(试行)》。

2018年9月1～2日，伦理工作组在北京航空航天大学举办注册系统专业伦理初级师资培训。

2018年10月31日，2018年度第二次评审制申请截止日期。这是注册系统自2007年以来首次在每年4月的申请截止日期之外开放申请机会。

2018年11月，《伦理守则(第二版)》《注册标准(第二版)》在《心理学报》2018年第11期正式发表。

2018年11月2～4日，在"新时代·心理学"第二十一届全国心理学学术大会上，注册系统主办了"《伦理守则(第二版)》实施与研讨"及"临床与咨询心理学专业机构和专业人员注册系统标准制定与实践"两个论坛。

2018年11月10～11日，由中国心理学会临床心理学注册工作委员会、心理服务机构工作委员会、临床与咨询心理学专业委员会共同主办了"活力与专业—社会化心理服务高峰论坛"。

2018年11月12日,督导项目领导小组召开了督导点负责人及秘书工作会议,确定2019年督导点的工作以伦理培训和固定成员督导为主。

2018年11月16日,卫健委等10部委联合印发《全国社会心理服务体系建设试点工作方案》。

2018年11月17~18日,由中国心理学会临床与咨询心理学专业委员会、教育部高等学校心理学教学指导委员会、全国应用心理学专业学位研究生教学指导委员会主办,中国心理学会临床心理学注册工作委员会协办的全国临床与咨询心理学学历教育联盟首届会议在成都召开。

2018年11月至12月初,注册系统继续教育工作小组讨论并整理了"继续教育项目申请细则及指南""继续教育或再培训项目注册流程图",并对继续教育项目申请表和评审表进行了修订。

2018年11月29日,中国心理学会临床心理学注册工作委员会审查通过的第二批特殊通道申请制督导师人员,进入伦理公示流程。

2018年12月1~2日,第四届临床心理学注册工作委员会在北京大学召开2018年第二次全体委员会议,对2018年的工作进行了总结,讨论、规划2019年工作。

2018年12月14日,临床心理学注册工作委员会发布《关于倡导成员伦理自查自律的倡议函》。

2018年12月26日,贾晓明、徐凯文参加国家卫健委召集的"社会心理服务体系建设试点工作专家研讨会",会议成立了"社会心理服务体系建设试点工作专家指导组",注册系统贾晓明、赵旭东、徐凯文为专家组成员。

2018年12月31日,申请制助理心理师及心理师的申请截止日期;这是注册系统第一次试行申请制助理心理师及心理师的注册登记工作。

后　　记

注册系统从 2007 年获得中国心理学会批准，到 2019 年已经走过十多个年头。为纪念注册系统十年的工作，大家都建议写些东西。真正想把我们的经验总结成书，大约在 2018 年年初，钟杰、徐凯文向我提议，获得大家的支持和鼓励，加之我的一个研究生赵晴雪毕业后到北京大学出版社工作，也明确表态向领导请示可以出书，这样这件事情才正式摆上我的议事日程。

最初大家都说要写一个回顾性的纪念文章，我以为一万字左右就可以了。等到真正动笔，写到我们做过的工作、走过的路，思绪纷纷涌现在脑海中，这篇文章居然超过了两万字！

原本我和编辑都担心小书会太薄，没有什么内容，不曾想将过去及现在起草、使用过的，以及正在使用的文件整理出来，内容已经不少了。还有一些我们的文件，特别是各个工作组的管理文件，或因不够成熟，或因还在改进，或因已经时过境迁，没有包括在本书之中。整理之后，我自己，包括注册系统的其他老师们也为我们做了这么多工作而感叹。

确定编委名单，又是一阵纠结。一路走来，注册系统的新老秘书、各届委员、学界同仁、我的学生们等都曾经以不同的形式为注册系统做过贡献。最终我与几位副主编确定将注册工作委员会曾经及现在的常务委员们作为本书编委。

必须说明的是，注册系统是许多人共同努力的结果。

在 2007 年之前，钟杰老师下决心要在我国做一套心理治疗与咨询的管理体系时，许多当时还在北京大学心理学系学习的研究生或刚刚毕业的研究生参与了最初注册标准文件的起草、国外文件的查找和翻译工作，他们是：黄峥、张怡玲、李旭等。2005 年，我首次在北京大学心理学系为临床心理学方向的研究生开设"临床心理学工作伦理"课程时，高隽、邓晶、黄峥、张黎黎等在课程进行中翻译国外伦理文件，对国内专业人员进行伦理访谈等，为伦理文件的起草做了铺垫；之后是我与侯志瑾、陈向一、李鸣分别起草伦理文件的不同部分，我再来整合。

《注册标准》和《伦理守则》具有雏形之后，多位第一届委员及邀请专家对两个文件进行了多轮审读及讨论，其中包括最初注册系统的重要成员：钟杰、樊富珉、江光荣、陈向一、侯志瑾、贾晓明、杨蕴萍、霍莉钦、梁宝勇、方新、肖泽萍、赵旭东等，也包括吕秋云、郑日昌、李占江、田成华、官锐园、姚萍等。待注册系统的两个文件在2016—2017年修订第二版时，注册系统的第三届和第四届委员都参与了修订和讨论。

我国港、澳、台地区的许多同行，以及海外的华人同行和外国专家，以各种不同形式参与两个文件的讨论，提出建议，关注和关心注册系统的发展。

中国心理学会的各届理事长、秘书长、CEO、《心理学报》主编等都对注册系统给予了肯定和支持！

注册系统是中国心理学会下的二级组织，其工作的宗旨是推动中国心理治疗与咨询事业的发展。这种既不能得名也不能获利的事情，大家都无怨无悔地默默奉献。钟杰老师为起草及修订注册系统的各种管理文件反复思考；樊富珉老师(第一、二、三届)、桑志芹老师(第四届)作为伦理工作组组长带领伦理工作组处理伦理事件、宣传及进行伦理培训等；每年注册系统新成员评审，注册工作组大部分委员都会积极参与，评审工作近年来做的最多的当属刘军和马向真。秘书长钟杰(第一届)、徐凯文(第二、三、四届)操持各种日常工作，副秘书长官锐园(第三届)、卢贺(第四届)做了大量细致的工作；伦理工作组秘书安芹(第三届)、陈昌凯(第四届)完成了大量涉伦理问题的处理工作；江光荣老师带领王铭完成了对注册心理师评审的研究及改革；赵旭东、肖泽萍在医学与心理学界做着各种沟通；陶勑恒、肖旭等前往灾区进行援助；梁宝勇、霍莉钦等虽然不再做委员了，仍然关心着注册系统的发展……

2017年委员改选之后，第四届主任委员贾晓明带领新一届委员对注册系统的发展做了大量工作。例如注册系统的注册工作，由每年一次的评审制，增加了申请制；且评审制及申请制每年各进行两次。在分工方面，除了标准制定工作组、注册工作组、伦理工作组之外，注册工作组明确分工，设立实习机构工作小组(桑志芹、李焰、官锐园负责)、继续教育工作小组(王建平负责)；其他还设立了宣传组(孟馥、孟莉负责)。每个人各司其职，工作有条不紊地积极向前推进。

此外，伦理工作组不仅积极向各地宣传及进行伦理培训，还制定了伦理三级培训大纲，开展了对伦理教师的培训，将伦理培训推向全国；注册工作组则开展了由注册系统多位成员共同进行的第一次督导培训(2019年4月于清华大学举办)，未来还将努力进行更多督导培训。

以樊富珉老师为组长，陈向一、杨蕴萍为副组长的监事组仍在关心、关注及以不同形式参与着注册系统的各项工作，如会议监察、申请未通过者的复议等，忙个不停。

全国各地20多个督导点，负责人、秘书在各地进行的培训和督导，为将心理治疗与咨询的种子播撒在四面八方不断耕耘。

注册系统这十几年，要感谢的人太多了。特别感谢北京大学心理与认知科学学院的各位领导和同行多年来对注册系统相关工作的支持与帮助。还要感谢过去的各届秘书们：李秀君、左月侠等；现在的秘书们：喻聪、岳宗璞、陶宇虹；还有关雪扬、洪海燕、吴泠璇、张丝艳、戴赟、林洁瀛、聂晶、姚萍、余苗、张黎黎等。挂一漏万，不能一一细数。

更要感谢的是所有曾经是、现在是注册系统的成员们，没有大家的努力和奉献，就没有注册系统的今天。每个人的努力和认同就如涓涓细流，在注册系统这里汇聚成河，汇聚成一股更大的力量，不断推动着我国心理咨询与治疗事业持续前行。

最后，本书最终成书及顺利出版还需要感谢帮助我们进行文字整理等工作的赵楠、温旭和游琳玉，以及编辑赵晴雪。

钱铭怡
2019年5月15日
写于南京南至北京南的高铁上

附录 1

心理援助热线伦理规范实施细则(试行)

(制定于 2020 年 2 月 27 日)

本细则是在《中国心理学会临床与咨询心理学工作伦理守则(第二版)》基础上制定的,为以热线为媒介的心理援助提供最基本的实践标准。

热线心理援助包括一般心理问题的咨询、心理应激干预、心理危机干预等。热线咨询员应遵循伦理总则,包括善行、责任、诚信、公正、尊重,以增进求助者的利益和福祉为目的,以避免伤害为基本出发点,充分考虑热线媒介属性及其影响,保持足够的伦理敏感性,遵守相应的伦理规范。

1. 专业关系

1.1 咨询员应公正对待求助者,尊重和维护寻求服务者的权利,保证每一位求助者都得到同等机会,不因任何因素歧视对方。

1.2 咨询员应尊重求助者,保持客观、中立的立场,接纳求助者的情绪,与求助者讨论各种可能的选择方案,不替求助者做重要决定。

1.3 咨询员有责任告知求助者心理热线的局限性,应充分尊重求助者是否选择接受热线服务的权利,以促进其福祉为首要考虑因素。

1.4 咨询员应明确专业界限,不向求助者透露个人姓名、联系方式等信息,不与求助者建立专业服务以外的关系,避免双重关系影响专业判断。

1.5 咨询员不得与求助者或其家庭成员发生任何形式的性或亲密关系,包括以电话为媒介进行的亲密沟通。

1.6 咨询员应对文化多元性具有敏感性,尊重求助者的价值观,不把个人价值观强加于求助者。

2. 知情同意

2.1 求助者对所接受的热线心理援助有知情同意的权利，在热线宣传中应向公众告知下列信息，具体包括：①热线机构的资质、隶属于何机构或专业组织；②心理援助热线服务的范围，具体服务内容及面向人群；③咨询员的资质，接线员的专业性；④热线接听的设置，如单次还是连续、有无时间限制、是否收费等。如果求助者仍有疑虑，咨询员有责任做好解释说明。

2.2 咨询员以热线为媒介提供相关心理援助时，如果机构要求录音，在接线开始时应有前置语音说明，或咨询员开始服务时明确告知求助者。

2.3 求助者有权利了解以热线为媒介提供服务的记录及录音资料的保存，以及咨询员的同事、督导、个案管理者、信息技术员等相关人员有无权限接触这些记录。

2.4 如果热线提供一般心理问题的心理援助服务，以求助者打通热线视为知情同意，默认求助者在选择这种服务途径前已知情同意。

2.5 如果热线提供常规心理咨询，咨询员除了与求助者进行口头讨论并知情同意以外，应以录音形式留存讨论过程或单独签署《知情同意书》文件。

3. 隐私权和保密

3.1 除了督导和业务研讨之外，咨询员不向外界透露求助者的情况，严禁将求助者的个人信息、求询问题以及相关信息透露给第三方。

3.2 咨询员有责任妥善保管相关资料。原则上不得将热线记录等带出机构，如果在接听热线时设置呼叫转移，热线记录应妥善保存避免丢失，并及时向隶属机构归档。

3.3 咨询员应遵守国家有关隐私保护的法律、法规和政策，严格按机构规定执行对热线记录及录音的存储方式和时间期限。

3.4 咨询员应了解保密原则的应用有其限度，下列情况为保密原则的例外：①发现求助者有伤害自身或他人的严重危险；②不具备完全民事行为能力的未成年人等受到性侵犯或虐待；③发现求助者罹患致命的传染性疾病且有危及他人的严重风险；④法律规定需要披露的其他情况。咨询员应尽可能确认求助者的真实身份，确认具体地理位置和紧急联系人信息，以便采取有效的保护措施。

3.5 研究、发表等需引用热线资料时必须遵守相关伦理。

4. 专业胜任力和专业责任

4.1 咨询员应在专业胜任力范围内提供热线心理援助服务，在已经接受的专业训练、实践经验及擅长服务的人群范围内提供专业服务。所受培训至少包括心理咨询基础训练和热线心理援助特殊的流程及重点，同时还要接受危机干预培训。咨询员应不断更新相关专业知识，提升专业胜任力。

4.2 咨询员应掌握热线心理援助的适用情形，评估求助者利用热线接受服务的适宜性，对于不适宜进行热线心理援助的求助者做好解释说明，必要时协助转介。

4.3 咨询员要注意工作和生活的平衡，保持良好的身心状态。

5. 心理援助热线机构伦理

5.1 心理援助热线应定位明确，服务范围清晰，须接受专业指导。

5.2 心理援助热线的广告宣传必须实事求是。

5.3 热线内部有合理的分工和组织架构，有热线服务的管理制度及相应文件。

5.4 对咨询员有专业性的筛选标准、工作评估及培训、督导制度。

5.5 机构对热线的整体服务负有监督和管理的责任，包括伦理监督。

5.6 热线机构要有危机干预的启动程序和方案，并建立相关转介资源网络。

附 录 2

注册系统联系方式

秘书组

通讯地址：北京市海淀区颐和园路 5 号北京大学哲学楼 113 室 (邮编：100871)

固定电话：010-62766211

电子信箱：xinlizhuce@chinacpb.org (注册等事宜)

　　　　　sxjgjxjy@chinacpb.org (实习机构、继续教育项目、微信公众号)

　　　　　news@chinacpb.org (督导项目点，注册系统网站)

　　　　　lunli@chinacpb.org (伦理组、伦理投诉、伦理规范等)

网　　址：http://www.chinacpb.net

微信公众号：CPS 临床心理注册系统